Mathilde Wesendonck

Gudrun - Schauspiel in 5 Akten

Mathilde Wesendonck

Gudrun - Schauspiel in 5 Akten

ISBN/EAN: 9783741158544

Hergestellt in Europa, USA, Kanada, Australien, Japan

Cover: Foto ©Andreas Hilbeck / pixelio.de

Manufactured and distributed by brebook publishing software (www.brebook.com)

Mathilde Wesendonck

Gudrun - Schauspiel in 5 Akten

Gudrun.

Schauspiel in 5 Akten

von

Mathilde Wesendonck.

Zürich, 1868.
Schabelitz'sche Buchhandlung
(Cäsar Schmidt.)

Gudrun.

Motto:
Der Mensch muß nicht müssen.
Lessing.

Personen.

Hettel, König der Friesen.
Königin Hilde.
Ortwin, deren Sohn.
Gudrun, deren Tochter.
Hiltburg } Freundinnen Gudrun's.
Hergart }
Herwig v. Seven. (Seland.)
Wate v. Sturmland.
Horant, der Harfner.
Bruno, }
Benno, } Ritter in Hettel's Burg.
Degenhardt, }
Ludwig, König von der Normandie.
Königin Gerlint.
Hartmuth, deren Sohn.
Ortrun, deren Tochter.
Rolph, Normannen-Hauptmann.
(Frauen, Ritter, Knappen, Matrosen, Thürmer, Kranzwinderinnen, Tänzerinnen.)

(Ort der Handlung theils Hettel's Burg Campatilla, theils auf dem Meere, theils Ludwig's Burg in der Normandie. Zwischen dem Ende des ersten und dem Anfang des weiten Aktes liegt ein Zeitraum von mehreren Jahren.)

Erster Akt.

Erste Scene.

(Thronsaal in König Hettel's Burg Campatilla. Auf dem Throne sitzt Königin Hilde, ihr zur Rechten Ortwin, ihr zur Linken Gudrun. Hinter Gudrun steht Herwig von Seven in voller Rüstung, desgleichen der König, Wate von Sturmland nebst vielen Fürsten und Edlen.)

Hettel (zu Hilde).

Da wir, mit Euerer Genehmigung,
Herwig v. Seven uns zum Eidam auserkoren,
So haben sich die Fürsten und Vasallen uns verbündet
In Treu ihm beizusteh'n gleich wie uns selbst,
Da wo sein Leben oder Land gefährdet. —
Da nun die Kunde kam zu unsern Ohren,
Daß uns'res Reiches allergrimmter Feind,
Siegfried von Morlant ihm in's Land gefallen,
So wie der Wolf in die verlass'ne Heerde,
Dieweil er hier an unserm Hofe weilte,
So haben sich die Edlen hier versammelt,

Um uns als ihren Führer treu geschaart,
Bereit, für uralt heil'ges Recht zu kämpfen,
Und brüderlich vereint die räuberischen Horden
Aus unf'res Eidams Marken zu vertreiben.
Die Fürsten nahen sich, von ihrer Königin
Sich freundliches Geleite zu erbitten.
(Die Ritter treten einzeln vor und neigen ein Knie vor Hilde, ganz
zuletzt Wate.)

Hilde (sich erhebend).

Nur ungern missen wir die Stützen unf'res Thron's,
Doch da es also ist der Wille unf'res Herrn
Und Königs und Gemals — so seid in Huld entlassen!
(Die Ritter erheben sich und zerstreuen sich nach verschiedenen Seiten hin.)
Wie, Wate? Wieder wollt Ihr in die Weite zieh'n?
Doch wallt Euch silberweiß der Bart, mich dünkt,
Und Winterstürme bleichten Eure Wangen.
Tragt Ihr nach Ruhe, Greis, noch kein Verlangen?

Wate.

Geruhet, hohe Frau, von Ruh' mich frei zu sprechen, —
Ließ ich die Andern zieh'n, es würd' das Herz mir brechen.
So lange rinnt in ihm ein Tropfen rothes Blut,
Ist Wate, glaubt es, dreinzuschlagen gut.
Auch trüg er's nicht, daß man von ihm erzählet,
Er hab' an seines Königs Seite je gefehlet.
Vernehmt Ihr das, so wißt Ihr: todt ist Wate.

Hilde.

So nehm' Euch Gott und uns in seinen Schutz.

(Wate ab.)

Zweite Scene.

Ortwin (zu Hettel).

Wie blinkt der Stahl! Nicht hehrer prangt
Am Abendhimmel der Komet
Mit seinem gold'nen Federschweif,
Als Dir der Busch vom Helme weht!
Sag', Vater, wann geht Ortwin mit?

Hettel.

In wenig Jahren mag es sein,
Wenn erst Dein Leib genug erstarkt,
Den schweren Waffenschmuck zu tragen.
Bis dahin bleib, Du junges Blut,
In zarter Frauen Pfleg' und Hut,
Und glaube mir, Du hast es gut. (Küßt ihn.)
(Zu Hilde.)

Nun, theu'res Weib, leb' wohl und laß es Dich nicht kränken,
Daß wir statt hochzeitliche Freuden-Feste zu begeh'n,
Zum Schlachtfeld wiederum die stolzen Renner lenken.

Hilde.

Mein lieber Herr, wirst Du mich mißversteh'n,
Wenn allzuherbe mich der jähe Abschied dünkt,
Und kann es wohl Dein Heldenherz verdrießen,
Wenn solchem Scheiden meine Thränen fließen?

Hettel.

Du trau're nicht und tröste unser Kind,
Dich kannt' ich stets als hoch und kühn gesinnt,
Sie doch ist schwach, unkundig noch der Schmerzen,
Die Liebe zeugt, wo Sehnsucht zehrt am Herzen.

(Er umarmt Hilde und Gudrun.)

Gott mit Euch! Lebet wohl!

(Zu Herwig.) Du, säume nicht zu lang!

(Dem Ausgange nahe kehrt er nochmals um und sagt, gleichsam
um die Trauernden zu ermuthigen:)

Laßt's Euch nicht gar zu sehr zu Herzen gehn,
Denkt an den Willkomm', denkt an's Wiedersehn;
In Küch' und Keller mag sich's tüchtig regen,
Denn hungrig kehren heim die wackern Degen.
Die Hallen schmücket aus mit heit'rer Pracht,
Daß es den Gästen froh entgegen lacht;
Geschenkt nicht wird Euch Festgelag und Schmaus:
In Bälde kehren siegreich wir nach Haus!

(Ab mit Hilde und Ortwin.)

Dritte Scene.

Herwig. Gudrun.

Herwig.

Wie? Thränen, Kind? O zieh' die Waffen ein,
Denn solchem Angriff bin ich nicht gewachsen
Und wehrlos steh' ich da mit wundensiecher Brust,
Bang flehend wie ein Feigling, nicht um Gnade,
Um Schonung nur zu Dir, denn aus der Tiefe
Des Busens droht, wie grollend Ungewitter,
Ein ungeheurer Schmerz mit jähem Ausbruch
Die mühsam mir errung'ne Fassung zu vernichten!
Drum schlinge nicht die diamant'nen Schnüre
Mir fester um das Herz, zum Tode wund,
Nicht fesseln darfst Du — lösen sollst Du mich:
Kurz ist die Trennung — ewig unser Bund.

Gudrun.

Du sprichst von Trennung und sagst kurz dazu?
Kann Trennung kurz sein? Wie? Und währte sie
Zum Morgen — eine Stunde nur — mich dünkt sie lang!

Herwig.

O könnt' ich in Aeonen sel'ger Jahre
Dem süßen Klange Deiner Stimme lauschen,
Und nie ermüden wollt' ich, neu zu hören,
Die Himmelskunde, daß mich Gudrun liebt!

Gudrun.

Und kannst Du, die Du liebst, so tief betrüben,
Nenn' grausamer als Hassen ich Dein Lieben.

Herwig.

Nein, grausam, Herrin, ich nur Dich erfand:
Der Minne Macht hab' ich an Dir erkannt,
Und fühle nun, wie schwer sie kann verwunden.

Gudrun.

So bleib': Für Wunden, welche Liebe schlägt,
Die Liebe auch der Heilung Balsam hegt.

Herwig.

Ich scheide nur, unlösbar Dir verbunden,
An Deiner Brust auf immer zu gesunden.

Gudrun.

Weh' uns, daß man dies stille Glück uns neidet!
Daß Haß und Mißgunst ihre Ränke spinnen,
Sich frech in's Heiligthum der Liebe drängen,
Die keine ird'sche Sorge noch entweihte!

Herwig.

Sprich: Glücklich sind wir, weil wir zu beneiden!

Gudrun.

Sprich nicht von Glück, so lang Du sagst: wir scheiden.

Herwig.
Wir scheiden, um uns inniger zu lieben!

Gudrun.
O liebe minder mich und scheide nicht.

Herwig.
Laß' ab, mit Bitten so mich zu bestürmen!
Fleh'st Du so süß, wo wär' das Herz von Stein,
Daß eines Engels Thränen es nicht rührten?
Dein Freund doch trägt ein Herz, das nicht von Stein,
Das weicher als ihm frommt, weil er Dich liebt,
So liebt, daß ihm wie Nacht der lichte Tag erscheint,
Den Gudrun's Sternen-Auge nicht erhellet,
So liebt, daß er in ihr sich selbst nur achtet,
Da fern von ihr sein Sinnen sich umnachtet.
Drum heiße du ihn gehn, die Freunde zürnen schon
Dem Zaubernden, der allzulange säumet.

Gudrun.
O laß' sie zürnen, sie ja lieben nicht!

Herwig.
Was ist ihr Zürnen unser'm Lieben auch?
Wo war ich denn? Hielt mich ein Wahn befangen?
Warum nicht bleiben, wenn es Gudrun will?
Was mich hinwegtrieb, thörichtes Verlangen,
Fahr' hin, du Traum des Thoren, denn gefangen

Ein Sklave liegt zu seiner Herrin Füßen,
Dem alle Wonnen, die den Lenz versüßen,
In ihrem Anblick jubelnd sich erschließen!
(Er zieht sie leidenschaftlich an sich.)
Nimm', süßes Kind, dies Schwert und birg' es wohl,
Daß nie der Faust nach solchem Tand gelüste.
Gudrun (bestürzt).
Was sagst Du! Nein! Du kannst — du darfst nicht weilen!
Mir ist — als säh' ich, fern im Dämmerscheine,
Des Vater's würdige Gestalt mir winken;
Sein Haupt entblößt — dem Sturme preisgegeben —
Von Feinden rings umwogt, dem Leuen gleich
An Stärke, es überragt sein Arm den Schnitter Tod
An blutiger Geschäftigkeit — er strauchelt — weh,
Er fällt! — Ist Wate dort? Nur Wate's
Alter Arm, den edlen Greis zu schützen?
Wo weilt der Jüngling, meiner Seele Freund?
Weh! Weh! Der Vater zürnt mir schwer!
O eile, eile Freund, und laß' es mich vergessen,
Daß ich es war, die all' zu lang Dich hielt!
O eile, lebe wohl!
(Sie drückt ihm das Schwert in die Hand.)
Herwig.
So giebst Du des Gefangenen Seele frei,
Daß frei und kühn sie ganz Dein eigen sei?

Gudrun.

Leb' wohl! Leb' wohl! Der Vater harret Dein!

Herwig.

O fürchte nichts! Die Liebe leih't mir Schwingen,
Und Großes wird mein Muth durch sie vollbringen.
Mein süßes Glück, leb' wohl! —
(Hilde ist unterdessen mit Ortwin zurückgekehrt und nähert sich dem Paare.)

Herwig (zu Hilde).

In Deine Hut, o Mutter, geb' ich all' mein Gut.
(Er küßt Gudrun und führt sie der Mutter zu.)

Hilde.

Der Mutter Segen zieht mit Dir, mein Sohn!
(Sie zieht die weinende Gudrun liebreich an sich. Herwig blickt noch einmal zärtlich auf die Geliebte, küßt sie und eilt dann rasch hinaus.)

Ortwin (eilt an's Fenster).

Bis zu den Wolken wirbelt auf der Staub,
Vom raschen Huf aus träger Ruh gescheucht.
Fast möcht' ich weinen, daß sie hier mich lassen.
O könnte ich wie sie die blanke Rüstung tragen,
Auf hohem Rosse als ein Reiter jagen!

Gudrun.

Weh! Dieser Schmerz droht mir das Herz zu brechen!

Hilde.
Am Mutterherzen weine sanft Dich aus.

Gudrun.
O Mutter, welches Weh! Wie wiegt so schwer die Stunde,
Wie trag' ich es bis zu der Heimkehr Kunde?
Ich kenne mich nicht mehr. Wie ist mir denn geschehen?
Du lehre mich's, mich selber zu verstehen.
Ich lacht' und weinte viel, doch wußt' ich kaum warum,
Ich küßte auch, doch kannt' ich nicht den Kuß,
Der Seel' an Seele unauflöslich kettet.
Ich lacht' — und weint' — und küßte wie zum Scherz:
Nun ist es Ernst geworden — der Kuß, die Lust, der Schmerz.

Ortwin (zur Schwester, altklug tröstend).
Ei, Gudrun, weine nicht, denn Mädchen, weißt Du, nimmer
Als Kempen ziehen in die Schlacht hinaus,
Just darum heißen sie ja Frauenzimmer,
Daß sie daheim als Frau'n der Zimmer wallen,
Und uns, den Männern, hüten Herd und Haus.

Vierte Scene.

(Hof von Hettel's Burg. Bruno, Penno, Tegenhardt, Horant der Hariner, Knappen.)

Penno (zu Bruno).

He Alter, Trauter, schaust so trüb,
Trauerst Du um ein treues Lieb?

Bruno.

Zuwider ist mir Dein Scherzen,
Du denkst nur an Küssen und Herzen.

Penno (lachend).

Da sprichst Du wahr, bei meiner Seel',
Das beste Theil ich mir erwähl',
Vom ganzen lump'gen Leben:
Bin Lieb' und Wein ergeben.
He, Knappe, frisch die Humpen her!
Zum Weine greift, wem's Herze schwer;
Soll ihn kein Leid mehr kränken,
Im Wein muß er's ertränken.
Da wird's so wohl bestattet sein,
Als Hagen's Horl im tiefen Rhein.
Schenkt ein! Schenkt ein! (Sie stoßen an.)

Degenhardt.

Ein guter Trank wirbt beff'ren Dank,
Gewürzt mit Saitenspiel und Sang.

Penno (zu Horant).

Wohlan! Gieb' uns ein Lied aus voller Brust,
Ein Lied voll Wein und Liebeslust!

Bruno.

Was soll die Lust? O ew'ge Schmach,
Ist dies ein Tag zu Festgelag?
Des Schutzes baar die Burg uns steht,
Vom Thurm herab kein Banner weht,
Von schwachen Häuslein's Hut bewacht,
Verwaist der Hegelingen Pracht,
Schützt ihre Ohnmacht nur die Nacht.

Penno.

Haha! Wo unser Einem wohl,
Da schaut so'n Alter trüb und hohl.
Was soll's der Burg denn nützen,
Ob wir hier Trübsal schwitzen?

(zu Horant)

Auf, Sänger mit dem Lodenhaar,
Du, mit dem leuchtenden Augenpaar,
Greif in die Saiten mit sich'rer Hand,
Und sing' uns von Liebchen's Lodenband!

Horant (zu Bruno).

Dem Sänger zürne nicht, o Greis,
Der manche Wundermähr' wohl weiß,
Von zarter Minne Morgenroth,
Von hoher Helden Kampf und Tod.
Doch heute sing' ich den muthigen Mann,
Der sich die hehrste Maid gewann
Mit scharfer Schwertesschneide
Zweien Königen zu Leibe.

Bruno (finster).

Des mächt'gen Hettel minnig' Kind,
Der Hilde holdselige Tochter,
Den Bettler-Bräutigam gewinnt, —
Ob wie ein Leu auch focht' er.
Die stolz mit Königen verkehrt,
Den Bettler hält sie hoch und werth.
Der Stolz sich gegen die Stolze lehrt,
Den eignen Busen ihr versehrt,
Und ihres Reiches Untergang
Bereitet er, ob kurz ob lang.

Degenhardt.

Wie magst Du Bettler schellen
Den Hehrsten aller Helden,
Mit seines Schwertes Streichen
Ein König ohne Gleichen.

Bruno.

Was frommt des Helden Leuenmuth?
Vergöß er auch sein rothes Blut
In Strömen gleich der Meeresfluth,
Vermöcht er nicht zu brechen
Den Uebermuth der Frechen!
Der stolze Normann nie verzeiht,
Daß man die Braut, um die er freit,
Dem Helden auserkoren
In Treuen zugeschworen.

Benno.

Den Thoren ich verlache!

Bruno.

Auf Rache sinnt aus Tück' und Neid,
Siegfried von Morlant, seit die Maid,
Die seiner Werbung widerstand,
Herwigen zugelobt die Hand.
Schon fiel er ein mit Heeresmacht
In's Sevenland, das unbewacht,
Zerstört und mordet, sengt und brennt,
Und Herwig hieße: „ohne Land",
Hätt' es die Jungfrau nicht gewandt,
Daß Hettel's stolze Heldenmacht,
Den Feind aus seiner Mark verjagt.

Benno.

Wie Alter? Ficht die Furcht Dich an?
Ich selber fühl' mich Legion
Und spreche tausend Teufeln Hohn.

Bruno.

Auch wer der Wunden trotzig lacht;
Den Helden fällt die Uebermacht.

Degenhardt.

Und fiel er auch in's Land vereint
Der Hegelingen Doppelfeind,
Wir wollen tapfer ihn empfah'n,
Er soll uns ungestraft nicht nah'n.

Bruno.

Unselig Brautbett d'raus erblüht,
Noch eh' der Wonne-Mond entflieht,
Der Zwietracht geile Drachen-Brut
Gesäugt an Hegelingen Blut.

Benno (lachend).

Da lob' ich mir des Weines Gluth,
Sein feurig flammend Rebenblut:
Sing', Horant, sing' ein süßes Lied,
Das Runzeln aus der Stirne zieht.

Horant (präludirend).

Ströme, gold'ner Liederquell,
Mir von den Lippen süß und hell,
Verleihe dem Wort den beflügelten Schritt,
Daß es entschwebe fesselndem Zwang,
Jauchzend sich hebe und werde Gesang.

Bruno (zu den Knappen).

Schon neigt die Sonne sich dem Westen zu,
Die Wachen löset ab, besteigt den Thurm,
Und nahet uns Gefahr, so blaset Sturm.

(Knappen ab.)

Horant.

Romanze.

Zog vor Campalill' einst Herwig,
Er, der Helden Tapferster,
Warb da um die Königstochter,
Um die goldgelockte Gudrun.
Hettel doch in barschem Muthe,
Ihm die Tochter stolz verweigert,
Die von königlichem Blute,
Sich vermählt nur einem König.

Vor das Thor da zieht Held Herwig,
Trägt im Arm sein gutes Schwert,
Ruft zum Kampf die kühnen Kämpen,
Daß sie ihre Schwerter messen,

Daß sie an den Schlägen prüfen,
Ob die Klinge tadelnswerth. —

Aus da sendet König Hettel
Seines Reiches stolze Stützen,
Ziehen vor das Thor hinaus.
Der von Dänmark, der von Friesen,
Sturmlant und von Norderland.
Hei! Wie ihre Schwerter blitzen!
Sonder Fehl' die Kling' man fand.

Hetteln selbst da mocht's gelüsten
Mit dem Helden sich zu messen;
Sendet vor das Thor den Herold,
Daß zur Burg er ihn entbiete,
Mit dem König selbst zu kämpfen:
Seine Tochter sei der Preis.

An dem Fenster steht die Holde
Bangend wie der Würfel fällt;
Tief zur Erde blickt die Jungfrau —
Zu ihr auf doch blickt der Held.

Liebe seinem Geiste Schwingen,
Seinem Arme Kraft verleiht,
Höher hebt sich ihm der Busen
Schaut am Fenster er die Maid.

Hetteln da, dem greisen Aare,
Drohet haarscharf schon Gefahr,
Hätte Gudrun nicht, die Zarte,
Zwischen beide sich geworfen,
Mit den kleinen, weißen Händen
Ihre Schwerter aufgefangen.

„Lasset ab, ruft sie, vom Streite,
Nicht zu Morden kam er her,
Liebe wollt' er sich erringen
Und nicht zieht er liebeleer.
Vater, kann Euch Muth bezwingen,
Zürnet nicht dem Helden mehr,
Der von königlichem Muthe,
Er allein ein ganzes Heer."

Sprach's die Holde sanft erröthend;
Hetteln nicht die Red' mißfällt;
Tief zur Erde blickt die Jungfrau,
Zu ihr auf doch blickt der Held.

Fenns.

Hier diesen Becher mit perlendem Wein,
Zum Lohne des Liedes, Dir, schenk' ich ihn ein.

(Sie trinken.)

(Vom Thurm ertönt ein Horn.)

Thürmer.

Vernehmet die Kunde
Daß ihre Runde
Die Sonne vollbracht:
Mitternacht! Mitternacht!

Bruno.
(zu den Knappen)

Flink auf die Wacht!
(zu den Rittern) Ihr Herren, gute Nacht!

Alle.

Gute Nacht! Gute Nacht!
(Bruno nebst Knappen ab.)

Penno.

Ich bleibe hier, noch ist der Morgen fern,
Und ging die Sonne schlafen, stehet auf der Stern.

Horant.
Ich bin dabei.

Degenhart.

Auch ich von Herzen gern,
Die Sorgen lassen wir getrost dem alten Herrn.

Penno.

Gefällt es ihm den tiefen Baß zu brummen,
So wollen wir dazu ein lustig Liedlein summen.

Fünfte Scene.

Morgendämmerung. Schlafgemach der Königin.

Silde.

Ruhlos lieg' ich auf dem Lager,
Schlaf nicht labt die müden Lider.
Was ist es, das den Schlummer scheucht
Von schwerer Wimper mir?
Hat der Morgenröthe Rosenfinger
Leise schon die Schläfe mir berührt?

(Sie zieht den Vorhang nach der Kemmenate auf.)

Nein. Noch wankt des Abendsternes Bild
Ruhlos und harmvoll durch die Dämmerluft,
Sein sehnend Auge senkend in Ermatten:
Ein Stern nicht mehr — nur eines Sternes Schatten.
Angstvoll erharret er den Augenblick,
Da hehr, in jugendlicher Schöne prangend,
Die Göttin aus der dunkeln Kammer schreitet,
Mit ihrem Feuerkuß ihn neu entflammet
Und Ströme Lichtes durch das All verbreitet.

(Sie zieht die Vorhänge wieder vor.)

Aus bangem Busen taucht mir dämmernd auf
Ein Traumgesicht, gezeugt aus Nacht und Licht,
Der Zukunft tief geheimnißvolle Wist.
Ich sah ein Weib von hehrer Götterart,

Grau, still und kalt, als wie aus Stein gehauen,
Ein grau Gewand umwob den Marmorbusen,
Den keines irb'schen Hauches Wunsch bethört.
Noch jetzt erfaßt Entsetzen mich und Grauen,
Muß ich so fühllos sie und kalt erschauen.
Am Webstuhl saß sie, webend reiche Wift
Mit Emsigkeit, ein wundersam Gebild
Entspann sich kunstvoll ihrer regen Hand.
Weithin ein Saatfeld sah ich d'rauf erblühen,
Zum Boden neigte sich der gold'nen Aehren Last,
Und schmucke Rinder nährte grüne Trift.
So vielfach schien gesegnet mir das Land
Das Meerumrauschte, dem an grüner Wiege,
Ein hehrer Heldenstamm erstand. —
Scheu brängt' ich mich herzu, um deutlicher zu schauen,
Da sah ich dicht bei ihr zwei and're Frauen,
Ihr Ebenbild an Haltung und Gestalt,
Und wie die Erste schweigsam, grau und kalt.
Mein Auge späht nach ihres Webstuhl's Wunder.
Des Wehes Walterin erschien die Zweite mir:
Geröthet war von Menschenblut ihr Faden,
Den hast'gen Fingern gräßlich sich entrolle
Ein Leichenfeld am öden Dünenstrande,
Und ausgestreuet lagen rings im Sande,
Des Männermordes schreckenvolle Saaten:
Gebein und Schädel, wild umtost vom Meer. —

Entsetzt wandt' ich den Blick zur Dritten hin,
Daß mir der Anblick nicht das Herz zerschneide,
Weil jünger sie als ihre Schwestern beide,
So hofft' von ihr ich beſſ're Augenweide.
Und ſieh'! kein Truggespinnst der Hoffnung täuschte mich,
Denn aus dem Leichenacker sah ich bald erstehen
Ein kräftiges Gestämm', deß Aeste weit verzweigt
Sich über lachende Gefilde breiteten,
Und drüber, hoch zum Himmel ragend, eine Krone,
Ein saftvoll grünes Dach von Eichenlaub
Sich schützend wölbte, Schirm und Schild der Völker,
Zu fernster Zeiten ewig jungem Ruhme.

Noch hing ich mit Entzücken an dem Bilde,
Als körperlos es mir zerrann in Duft,
Und sinnlos starrt' ich in die leere Luft.
Vor Bangen bebt und Hoffen mir der Busen,
Und menschlich sorg' ich um das Nächste nur.
Doch höchstem Leid sich nicht der Trost versagt!
Ein Wissen wahr' ich treu und unverzagt:
Ob auch der Pfad sich krümmt durch Tod und Nacht,
Den deutschen Gauen einst ein gold'ner Morgen lacht!

(ab.)

Sechste Scene.

Halle. Ortwin und Horant.

Ortwin.
Sprich! Hast mit Augen je Du eine Fee gesehen?

Horant.
Mit nichten, denn sie schleichet auf den Zehen,
Wenn Schlaf im Hause jedes Auge schloß,
Zum Knäblein an die Wiege, drin es schlummert,
Und ihrem Dienste weihet es ihr Kuß.
Doch keiner sah sie kommen oder gehen.

Ortwin.
Wie aber wird gewahr er, daß sie kam?

Horant.
Im Schlafe sucht sie oft den Liebling auf,
Und leert das Füllhorn ew'ger Schöne
In seinen kindlich frommen Traum.
So unerschöpflich ist der Gaben Born
Der aus ihr quillt und all sein Sein beseligt,
Daß sie vergönnt ihm, wachen Aug's zu träumen.
Und was, zum Mann gereift, er singt und sagt,
Ist ein Erinnern nur, das in der Seel' ihm tagt,
Von jenem blüthenschwangern Traum der Nacht.

Ortwin.
Wie gerne möcht' auch ich einmal so träumen!
Wohl träum' ich oft, doch nur von wilden Rossen,
Die einzufangen nie mir will gelingen,
Von lichter Waffen Zier, die Zwerge hüten,
Vom Wunderschwert im Schooß des Meer's verborgen;
Doch solche Träume schaffen mir nur Sorgen!

Horant.
Die sonder Schwertesstreich verscheucht der Morgen!

Ortwin.
Sprich! kehret nie sie, wenn der Knabe groß?

Horant.
Er bleibet stets der Himmlischen Genoß.
Ob auch im Bettlerkleide er den steilen Pfad
Des Lebens wandert, niedrig, wund und siech
Hinschleppt des müden Leib's gequälte Last:
Unsichtbar trägt er eine Königskrone,
Aus lauterm Gold des Sonnenstrahls gewebt,
Die Tarnhelm-gleich ihn ird'schem Weh entrückt,
Daß ew'ge Wonnen schaut sein Aug' entzückt.

Ortwin.
Nie hörte ich von solcher Krone sagen!

Horant.
Kann sein. Nur Wen'gen ist's gegeben sie zu tragen.

Ortwin.
Erzähle weiter, ist nicht unlieb Dir mein Fragen.

Horant.
Berührt die Schläfe sie, mit leisem Finger
Den Schleier lüftend, der des Menschen Haupt umfängt,
Dann schaut gestärkten Sinnes er die Wahrheit,
Die Seele sonnet sich in ew'ger Klarheit
Und das Verborg'ne wird ihm offenbar.

Ortwin.
Doch wie erkennt die Welt daß er gefeiet?

Horant.
Am Feuergeist, der ihm im Busen glüht,
An seines Unmuth's rother Flammensäule,
Die hellauflodernd heil'ge Funken sprüht,
Gleich Blitzeszucken läuternd durch die Nacht;
Am Donnerwort, das von geweihten Lippen,
Den Wechselbalg des Trug's zermalmend, rollt,
Um auf der Trümmerwelt des Schein's die Wahrheit,
Auf Finsterniß das Reich des Licht's zu gründen.
Um, Hoherpriester am Altar der Menschheit,
Des ächten Königkindes Göttlichkeit zu künden,
Bis jauchzend alle Völker sich verbünden,
In Inbrunst ihm die Herzen sich entzünden!

Ortwin.

Gesteh' ich's nur, daß es mich recht verdrießt,
Wie Deine Fee, dem Einen, den sie liebt,
So überschwenglich maßlos giebt,
Und and're Erdensöhne ganz vergißt.

Horant.

Das ist wohl eine jener Launen, Kind,
Die, wie man sagt, den Frauen eigen sind.

Ortwin.

Und haben alle Frauen Launen so wie sie?

Horant.

Die irdischen nicht minder denn die himmlischen!

Ortwin.

Da ist's wohl schwer, den Frauen zu gefallen?

Horant.

Dem Einen ist's gegönnt, dem Andern bleibt's versagt.
Doch wirbt der Edle gern um Frauengunst.

Ortwin.

Hm, wenn ich will, so muß ich auch gefallen.

Horant.

Ein muß ist machtlos hier, und machtlos jeder Zwang.
Nur Eine weiß ich, die's vermag: „Frau Minne".

Schaut sie Dich an mit ihren Augen blau
Voll göttlichen Vertrau'ns und Milde, —
So scheinst Du schön, auch wo Du nicht es bist.

Ortwin.

So lehre mich, wie ich ein Sänger werde,
Denn Sängern, sagt man, ist Frau Minne hold.

Horant.

Erhaben, ernst und heilig ist die Kunst,
Den Sterblichen verlieh'n durch Götter-Gunst.
Willst Du in ihrem Heiligthume leben,
Sei Ewigem geweiht fortan Dein Streben.

Ortwin.

So ernst, mein Freund? Das wahrlich ist zum Lachen,
So wie die Vögelein will ich es machen,
Die singen auch und sind nicht ernst dabei.

Horant (lächelnd).

Da hast Du recht! Sing' wie der Vogel frei,
Und wonnig dann fürwahr ist Deine Melodei,
Und wär's auch lauter Lust und Schelmerei!

Ortwin.

Versuchen will ich, was ich kann.

Horant.

               Gut. Fange an!

Ortwin

(versucht zu spielen und müht sich eine Zeit lang vergeblich auf der
Harfe ab)

Verwünscht! Das Spiel — es will mir nicht gelingen!
Fast fürcht' ich Deiner Herrin zu mißfallen
Mit meinem unverständlich kind'schen Lallen,
Drum hilf mir Du die Grausame bezwingen!

Horant.

Du sollst nicht spielen — dennoch sollst Du spielen,
Doch nicht zum Spiel — mit tiefem, heil'gem Ernste,
Die ganze Seele, ihr, der Hohen weih'n:
Dein Lohn fortan sei Ihre Gunst allein.

Ortwin

(nach abermaligem fruchtlosem Abmühen auf der Harfe).

Umsonst — ich seh's — die Mühe ist verloren!

(Kleinlaut.)

Zum Vogel, merk' ich, wird man a u c h geboren.

(Er reicht Horant die Harfe.)

Da! Nimm sie Du, ein Sänger auserloren!
Ich will fortan nur Deinen Tönen lauschen;
Hör' ich Dein Lied so durch die Saiten rauschen,
Ist mir, ich trät' in den Wald hinein
Und ringsum sängen die Vögelein.

Horant.

So sei es denn. Der Herrin will ich dienen,
Die einzig meinem Willen nur gebeut:
Nicht Macht noch Reichthum sind des Sänger's Theil!
Dir aber will nicht gleicher Dienst geziemen,
Der Du berufen bist zu Deines Landes Heil.

Ortwin.

Zum Schwerte, Freund, greif' froh ich nun zurück,
Und schwingen will ich's einst zu meines Volkes Glück!

(Beide ab.)

Siebente Scene.

(Frauen-Gemach, Gudrun, Hiltburg, Hergart und andere Frauen am Stickrahmen und am Rocken beschäftigt.)

Gudrun.

Weh, wiegtest in Glück,
Neid'isches Geschick,
Jauchzend die Seele mir ein,
Daß sie erwache zu sehrender Pein,
Sich fände allein?
Kaum mocht' ich es fassen
Dies sonnige Glück,

Und soll es schon lassen
O Jammer-Geschick!
War ich einsam je zuvor,
Eh' mein Busen ihn erkor? —
Nun bin ich allein. —

Hiltburg.

Wie schmerzt es mich, Dir nichts zu sein..

Gudrun.

Verzeih' mir, Liebe! Sagt' ich Das?
So denke, wie mir weh muß sein,
Daß ich Dir schuf so arge Pein.

Hiltburg.

Wenn ich Dich so bekümmert seh',
So ist mir selbst zum Sterben weh.

Gudrun.

Dein Herz, ich weiß es, fühlt für mich..

Hiltburg.

Du lächelst wieder, nun ist Alles gut..

Hergart.

Mich dünkt solch' sauersüße Mienen,
Mit nichten einer Braut geziemen.

Gudrun.

Fast möcht' ich mich der eig'nen Schwäche schämen,
Doch unversehens füllt das Auge sich mit Thränen.

Hergart.

Sah'st Du die Rose je im Lenze weinen?

Gudrun.

Wenn ihr der Lenz entschwand, sah ich sie sterben.

Hergart.

Ein traurig Lieben, schüf' es solch Verderben.

Gudrun.

O schilt die Liebe nicht, die Du nicht kennst!

Hergart.

Viel besser wäre Dir sie ungekannt geblieben!

Gudrun.

Nein, sprich' nicht so, Du könntest mich betrüben,
Müßt' ich nicht, daß nur Deine Zunge sticht,
Dein Herz dabei Dich selber schuldig spricht.

Hergart.

Nur Eines weiß ich: sollt' ich sie mit Gram erkaufen,
Mit einer Stunde Gram's — ich ließ getrost sie laufen.

(Sie wendet sich unwillig von den Peiben ab an den Stickrahmen.)

Hiltburg.

Schau' her, ich hab' etwas, das wird Dich freu'n!

Gudrun.

Dein Auge glänzt, was mag es sein?

Hiltburg.

Bei Seite nahm der Held mich eh' er schied,
Und dieses Kleinod legte er in meine Hand,
Es Dir zu geben, bat er, wenn er fern.
(Sie überreicht Gudrun ein Schmuckkästchen mit einer Aufschrift.)

Gudrun (liest).

Nach seines Landes Sitte,
Die süße Braut zu schmücken,
Die, unbewußt des Schmucks,
Selbst jedes Schmuckes Schmuck,
Legt er zu ihren Füßen,
Als Herrin sie zu grüßen,
Auf seinem Herrscherthrone:
Des Sevenlandes Krone.
(Sie öffnet das Kästchen und läßt es entsetzt zur Erde fallen.)
Weh mir! Den Bernsteinschmuck!

Hiltburg.

Was hast Du Herz, nicht faß' ich Dein Entsetzen,
Trug schön'res Kleinod eine Königsbraut?

Gudrun.

„Des Meeres salz'ge Zähre
Geglüht am Sonnenstrahl —

Zur Wehmuth sich verkläre
Fortzeugend Qual auf Qual."

Hiltburg.

Weh mir! Was that ich!

Gudrun.

Weg den Schmuck!
Sein Anblick birgt mir Angst und Grauen,
Wie Schlangen seh ich ihn mein Haupt umschlingen,
Und Tropfen Blut's mir aus den Augen bringen.

Hiltburg.
(Schafft den Schmuck bei Seite.)

Hergart.

Thöricht fürwahr, muß Euer Thun ich schelten,
Vermag das alte Lied Euch so zu schrecken!
Ein grämlich blinder Spielmann hat's erdacht,
In einem Anfall schlimmer Laune,
Da ihn das Zipperlein zu sehr geplagt,
Just um ein zaghaft Herz damit zu necken.

Achte Scene.

Hilde. Vorige.

Hilde.
Was gibt's? Mich schreckten laute Stimmen?

Hergart.
Gut, Herrin, daß du kommst!
Ein kindisch Spiel da treiben Jene.
Es muß mit Gudrun nicht zum Besten steh'n,
In einer Bernsteinkrone will sie Schlangen seh'n,
Am lichten Tag' erblickt sie Gespenster.

Hilde (die Geschwätzige zur Ruhe deutend).
Genug, Hergart, genug!
(zu Gudrun.) Kind, setz' dich her zu mir!

Gudrun
(umschlingt sie, setzt sich zu ihren Füßen nieder und birgt ihr Haupt
in der Mutter Schooß.)

Hiltburg.
O daß ich selbst sie so betrüben mußte!

Hilde.
Hör' auf, Gudrun, so unnütz Dich zu quälen,
Zu jeder Stunde kann uns Botschaft nah'n,

Macht schon die bloße Furcht Dein Herz erbeben,
Wie stünd' es wehrlos da, ereilt es Gram?

Hergart (zu Hilde).

Ich lieb' es nicht so traurig da zu sitzen,
Drum bitt' ich, wollt' ein Mährlein uns erzählen,
Von der Prinzessin, die nicht lachen wollte,
Ernsthaft im Winkel saß, und weint' und schmollte
Den lieben langen Tag; wie dann der dumme Junge,
Zum Lachen sie gebracht, und wie sie ihm nicht grollte.

Hiltburg.

Ein guter Einfall, Hergart, ist der Deine,
Frau Hilde's Kunst soll heute sich bewähren!
Doch, wollt Ihr eine Bitte mir gewähren,
So greift zurück in längst entschwund'ne Zeiten,
Da Hettel's Helden um die Hilde freiten,
Und kündet uns wie ihre Fahrt gelang.

Hilde.

So es Euch freut, will ich aus greisem Busen,
Die längst erblaßten Bilder neu beschwören,
Und was er treu bewahrte, sollt Ihr hören.
(Die Mädchen rücken mit den Spindeln näher zu Hilde hin.)

Hergart.

So etwas aus dem Leben, ist gar ein ernstes Ding,
Ich würde lieber heute recht was Lust'ges wählen.

Die Mädchen.

Schweig' Hergart, schweig! Frau Hilde laß' erzählen!

Hilde.

(Nach einigem Sinnen.)

An Irland's ferner Küste erblüht ein Mägdelein,
Das dünkte König Hettel ein hold Gemal zu sein.
D'rum sprach er zu den Recken: „Auf, rüstet euch zur Fahrt,
Besteigt die gold'nen Kiele, werbt um die Jungfrau zart.
Doch ist der wilde Hagen den Freiern grimmgesinnt,
D'rum denkt mit schlauen Listen wie ihr die Maid gewinnt.
Nun füllt die buch'nen Kammern mit Schätzen und gold'nem
Tand,
Spart nicht den lichten Bernstein, nicht Rauchwerk, noch
Gewand.
Nehmt auch der Waffenspiele, dran Recken sich erfreu'n,
Nie soll zum stolzen Iren die Meerfahrt euch gereu'n."
Die Edelsten und Besten bestiegen drauf den Schwan,
Beim Steuer saß, tief sinnend, Horant der werthe Mann.
Der wilden Meereswellen Sturmweisen er verstund,
Der Wasservögel, der schnellen, Flugkreisen war ihm kund.
Der Lieder sang er manche, die waren wundersam,
Und Keinem dünkt es lange, der ihren Klang vernahm.
Wer wund und siech gewesen, und hört' es, der genas,
Die Fische ließen lauschend den schon erjagten Fraß.
Auch waren ihm gewogen die gold'nen Sterne sehr,
In Strahlenreigen zogen sie hinter'm Kiele her.

Sanft trugen ihn die Wellen zu Irland's fernem Strand,
Die tapfern Hegelingen, sie stiegen da an's Land.
Nicht künden will ich ferner von ihrem Kampf und Spiel,
Nicht wie sie sich errangen des hohen Ruhmes viel,
Auch nicht wie ihre Schätze gewannen der Frauen Preis,
Und wie manch' irisch Mägdlein im Schau'n vergaß den
    Fleiß.
Nur singen will ich und sagen von Horant's Harfenspiel,
Und wie es Hilden, der Holden, von Herzen wohlgefiel.
Er sang der Lieder dreie, die waren wundersam:
Beim ersten, ein bunkel Sehnen die Jungfrau überkam,
Beim zweiten mußte sie weinen, ihr ward so wund und
    weh,
Beim dritten wollte sie schauen den Spielmann in der Näh'.
Da kam er züchtig gegangen und sprach: „O Herrin mein,
Ein Größ'rer viel denn ich bin, begehrt von Herzen Dein.
Ein König hehr thront Hettel, der Dich o Holde, minnt,
An seinem Hof wohl sechzig, wie Meinesgleichen sind.
Ihm sind viel hundert Burgen und Mannen unterthan,
Ich bin von ihnen Allen nur der geringste Mann.
O daß Du mich erkiesest zum sichern Führer Dir,
Wohl Weisen wollt' ich singen, die Keiner je sang vor mir."
Da nahm er aus dem Busen von Gold ein Ringlein fein,
Und steckt es ihr behende an's linke Goldfingerlein.
Drin waren Runen geritzet von hoher Zauberkraft,
Und trug es wer, ihn hielte Frau Minne wohl in Haft.

Da neigte sich die Jungfrau und sprach mit holder Scham,
Was außer ihm, dem Spielmann, kein sterblich Ohr ver-
nahm.
Sie folgte den Hegelingen zu König Hettel hin
Und ward in Treu'n und Ehren seine vielliebe Königin.

Neunte Scene.

Knappe.
Ein Bote nahet sich in höchster Eil',
Die Meldung sei an seine Königin.

Hilde.
Er trete ein.

Bote.
Heil Dir, o Herrscherin!
Gleich auf dem Fuße folgt mir König Hettel,
Und mit ihm naht der siegreich kühne Herzog.
D'rum solches Wort entbeut mein Herr durch mich:
Daß er die Burg in hohem Schmuck gewahre,
Und schöngeschmückt Dich selbst und auch die Maid,
Folgt willig sie dem Gatten zum Altare!

Hilde.

Für solche Kunde nimm des Dankes Lohn!
(Sie reicht ihm eine gold'ne Armspange.)
(Bote ab.)

Zehnte Scene.

Hilde.
(Zu den Frauen.)

Auf, Mädchen, hurtig nun an's Werk, und rüstig richtet
Die Hallen her, wie's solchem Feste ziemet,
Entroll des Webstuhl's künstliches Gewirke,
Mit Farbenpracht den Marmor zu bekleiden,
Und ordnet rings im Saal die gold'nen Sitze
Nach Rang und Recht, wie's Jeglichem gebühret.
(Frauen und Mägde ab. Andere bekleiden die Königin mit Diadem
und Mantel.)

Gudrun.
(Die sich beim Eintritt des Boten plötzlich aufgerichtet hat, und in
stillem Entzücken versunken dagestanden ist.)

Wie seid Ihr lässig, Mädchen, mich zu schmücken!
Den Mantel reicht mir, sagt' ich's nicht?
Soll Gudrun ungeschmückt ihn wiedersehn?
Wie würde sie vor seinem Blick besteh'n!

Hergart.

Den Mantel sagst du? Gleich —
(Mädchen bringen einen prächtigen Mantel, den sie ihr mit kostbaren Agraffen auf der Schulter befestigen.)

Gudrun.

Ei, Hiltburg, Herz, wo weilt Dein Sinn,
Daß Du den Schmuck vergaßest?
Und weißt Du nicht daß er es will?

Hiltburg.

Bring' ich den Schmuck Dir von Rubin?

Gudrun.

O pfui der kind'schen Frage!
Den Bernstein bringe mir, des Seventandes Krone,
Sie soll fortan mein hehrstes Kleinod sein.

Hiltburg.

„Des Meeres salz'ge Zähre,
Geglüht am Sonnenstrahl —
Zur Wehmuth sich verkläre
Fortzeugend Qual auf Qual?"

Gudrun.
(In höchster Begeisterung.)

Wo wär' die Thräne, die nicht seine Liebe trocknete?
(Sie empfängt die Krone aus Hiltburg's Hand, küßt sie entzückt
und setzt sie sich auf's Haupt; sehr ernst:)

In Leid und Wonne ihm geweiht,
Von nun an bis in Ewigkeit.
   Was ihn treffe, treffe mich,
   Was ihn kränke, kränke mich,
   Was ihn tröste, tröste mich.
Meines Wunsches Ziel sein Wille sei,
Durch Liebe gebunden, durch Liebe frei,
   Sein eigenstes, seligstes Weib!

(Von außen her Bewegung und Unruhe. Die Mädchen ziehen sich nach dem Hintergrunde zurück. Hilde, Hiltburg und Hergart nach der Mitte zu, Gudrun bleibt allein im Vordergrunde stehn.)

Gudrun.

Singen wie von Engelchören,
Jauchzen wie Musik der Sphären,
Wonneschauernd mich durchzieht!
Wie es bangt im zagen Busen,
Wie es pocht und schwellt und glüht —
So auf sturmerregten Wogen
Kommt von singenden Schwänen gezogen,
Der Liebe Lenz in's junge Gemüth!
Deckt wie mit Blüthen die bebende Brust,
Trägt wie auf Flügeln die Seele zur Lust,
Hebt von der Erde den sterblichen Blick,
Malt ihm in ewigen Zügen sein Glück,
Daß sich an unvergänglicher Wonne
Entflamme des Herzens rajchsinkende Sonne,

Strahle die göttliche Liebe zurück:
Ewigkeit ein Augenblick!
(Sie hat sich bei den letzten Worten mit ausgebreiteten Armen dem
Hereinstürmenden entgegen gewendet.)

Zehnte Scene.

(Waffengeklirr und Getümmel. Hartmuth tritt kämpfend auf mit
Benno und Degenhart. Benno fällt, Degenhart wird von den
nachstürmenden Normannen niedergeworfen. Horant und Ortwin
stürzen zu Hilbe. Im Nu haben Normannen die ganze Scene erfüllt, König Ludwig kämpft mit Bruno.)

Horant.

Verrath! Verrath! O schnödester Verrath!
(Er deckt die Königin mit seiner Harfe und mäht mit dem Schwerte
in der andern Hand eine blutige Gasse vor sich her, so daß die
Angreifer entsetzt vor ihm zurückweichen. Ortwin hat einem ge-
fallenen Norman das Schwert entrissen und haut tapfer ein.

Gudrun, so plötzlich aus höchstem Entzücken in tiefstes Elend
hinabgeschleudert, sinkt bei Hartmuth's Erscheinen mit lautem Schrei
zu Boden. Hartmuth fängt die Sinkende in den Armen auf. —)

Hartmuth.

Sei ohne Furcht, mein Liebchen traut,
So freit der Normann seine Braut,

Im Lieben selbst kühn und verwegen!
Mit Blut gekittet aus Herzensgrund,
Das gibt den rechten, den festen Bund,
Wo das Schwert spricht als Priester den Segen.

(Er trägt die Ohnmächtige in den Armen fort. König Ludwig hat Bruno verwundet und deckt Hartmuth's Rücken. Die Mädchen und Frauen versuchen zu fliehen, werden aber von Normannen eingeholt und fortgeschleppt. Im Nu ist abermals die Bühne von den Eindringlingen geräumt.)

Penno.

Weh mir! Es ist aus! Kurze Lust — schöne Sonne —
Ade! Es dunkelt — weh — es wird Nacht! —
(stirbt.)

Bruno.

O Tag des Jammers, Tag der Noth!
Nicht trag' ich die Schmach! Willkommen mir Tod!
Urewige Mutter, gönn' Deinem Sohn,
Ein friedlich Grab als letzten Lohn.
(Er durchbohrt sich mit seinem Schwerte.)

Hilde.

(Hat wie zur Salzsäule erstarrt seit Gudrun's Raub dagestanden.)

Weh mir! Weh! Erbarmungswürdigste der Frauen!
Daß meine alten Augen solchen Jammer schauen!
Daß sie zwei Bächen gleich, von ew'gem Gram getränkt,
In salz'gen Thränen nie versiegend fluthen!
Die zarte Ranke dem stützenden Stamme entrissen,

Die lieblichste Blüthe dem Herzen der Mutter geraubt!
Wehe! Ach wehe! Weh' mir, holdseligstes Kind!
Beschneite Tanne, rag' ich allein im Wettersturme,
Ein einsam alternd Haupt, vom jähen Blitz verschont,
Rings um mich her Verderben, Schmach und Tod! —
Beredter Zeuge von der Erbenloose Wandel,
Steh' ich ein Markstein an des Lebens Grenze
Auf meines Glückes frischgedüngtem Grabe,
Deß Inschrift ist ein nie gestilltes Weh.

Ortwin.

Sieh', Mutter, sieh' mich an, Dein Ortwin lebt!

Horant.

Faßt Euch, erhab'ne Frau! Es naht der Tag der Rache!

Hilde.

Was ist die Rache meinem Weh?
Stumpf ist ihr Stachel, matt ihr Sporn.

Horant.

Auf Rettung sinn' ich. Laßt die Rosse satteln,
Entgegen spreng' ich Hetteln und dem Herzog,
Die Schreckensstunde selber ihnen kündend.
Sprach wahr des Boten Mund, nicht ferne sind die Helden.
Vom Wege herwärts wenden sie die Rosse,
Und setzen nach dem Räuber, ereilen ihn,

Bevor des Meer's gefurchte Straße, mit seiner
Beute heimwärts kehrend, er erreichte.

Hilde.

Wohl mir daß mir Dein Rath zur Seite blieb!
Auf! Sattle ungesäumt! —

Ortwin (zu Horant).

Ich bitt' Dich, nimm' mich mit!

Hilde.

Du? Ortwin? Nein. Nicht trüg' ich's Dich zu missen.

Ortwin.

Reit' ich an Horant's Seite, Mutter, fürchte nichts!

Horant.

Nicht zürnt mir, unterstütz' ich dießmal seine Bitte,
Er hat sich heut' als ganzer Held bewährt;
Zum Ritter schlug' zur Stunde ihn das eig'ne Schwert.
Drum gebt ihn mir, ich bürg' Euch für den Knaben.

Hilde.

Wohlan! So zieh' in treuen Meisters Hut,
Und Mutterthränen sprechen Dir den Segen!
(Ortwin kniet nieder, sie küßt und segnet ihn weinend; zu Horant:)
Auf! Horant denn, und melde meinem Herrn,
Wie schwer des Schicksal's Hand uns niederschlug!
Künd' ihm: Daß uns're stolze Burg zerbrochen,

Daß unf're Mannen todt — daß unf're Frau'n geraubt,
Daß unser Kind entführt! — Ich will indeß,
Des eig'nen Grames blutend Weh zu stillen,
Ein traurig fromm Gebot der Pflicht erfüllen:
Der Wunden pflegen und die Todten hüllen. —

Der Vorhang fällt.

Ende des ersten Aktes.

Zweiter Akt.

Erste Scene.

(An Bord eines Schiffes. Im Hintertheile desselben ist ein Zelt aufgeschlagen, darunter auf einem Lager ruht Gudrun in todesähnliche Ohnmacht versunken, um sie herum sitzen leise weinend und wehklagend ihre Frauen, mit aufgelösten Haaren. Am Bugspriet und auf den Raen Matrosen und Schiffsjungen. Um den Hauptmast herum, ebenfalls unter einem schützenden Zelte, lagern König Ludwig, Hartmuth nebst Rittern und Mannen. —)

Hiltburg
(liebevoll über die Ohnmächtige gebeugt).

Sie athmet kaum — so locker scheint der Faden
Der sie an's Dasein knüpft, der Spinnweb' gleich
Die jeder Hauch zerreißt. —
                O wohl Dir! Schlafe!
Thau des Himmels, süßer Friede,
Stärke die zerschlag'ne Brust,
Daß erwachend sie tauge zu tragen
Die Noth, herber denn Tod!
Ruhe sanft die kleine Weile,
Ruhe aus von grimmen Schmerzen,

Beſſer wär' Dir, nie geboren,
Schlummern im Erdenſchooß,
Als zu ſolchem Leid erkoren
Wachſen in Jammer groß!

Hergart.

Was ſagſt Du, Hillburg, athmet die Frau?

Hillburg.

Schlummer ſenkte ſein Vergeſſen
Auf die Müde mild herab.
Weh' ihr, wenn ſie erwacht!

Hergart.

Weh' uns vor Allen, die um ſie
Wir tragen ſchnöder Knechtſchaft Band.

Hillburg.

Warſt Genoſſin einſt Du ihres Glückes,
Warſt Geſpielin ihrer frohen Jugend,
Gern ſie theilte mit Dir jede Wonne,
Und Du theileſt ungern ihren Schmerz?

Hergart.

Leicht wohl iſt es Freude theilen,
Wenig gibt man hin vom Ueberfluß,
Merkt es kaum, entbehrt es nimmer,
Doch im Leid ſich Jeder ſelbſt bedenken muß.

Hiltburg.

Kalt und lieblos muß Dein Herz,
Hergart, heut' ich schelten.

Hergart.

Prahle nicht mit Deiner Liebe!
Dir nur lebt sie zu Gefallen,
Dich bevorzugt sie vor Allen,
Dich liebt sie allein!

Hiltburg.

    Grämt das Dich, Kind?
Fast möcht' ich Dir dein rasches Wort verzeih'n,
Da Du um Liebe mit ihr grollst.
So reich doch fließt der Born, o glaube mir,
Für Dich und mich birgt Fülle er des Glück's!

Gudrun (leise, wie im Traum).

„Durch der Wogen wild Gebraus, —

Hiltburg.

Ha! Sie spricht!

Gudrun (wie vorher).

Durch des Kampfes Nacht und Graus,
Hört' ich wie auf Sturmesschwingen
Seine Stimme zu mir dringen:
„Harre aus, mein Lieb', harr' aus!"

Hiltburg (zu Gudrun).

   Nicht weiter, Herz!
Beschwöre nicht die blut'gen Schatten
Aus der gequälten Brust herauf.

Gudrun.

Vernahmst Du's wohl?

Hiltburg (seufzend).

   Wohl, ich vernahm's.

Gudrun.

Vernahmst die Stimme des Geliebten?
Süßer als der Klang der Glocken,
Wenn sie früh zur Messe läuten,
Süßer als der Lerche Schmettern,
Wenn den nahen Lenz sie kündet,
Drang die Stimme mir in's Herz.

Hiltburg.

O ew'ger Schmerz!

Gudrun.

Endet, Lippen, Eu're Klagen,
Trocknet, Mädchen, Eu're Thränen,
Schlingt um's Haupt die gold'nen Flechten,
Rettungsschimmer seh ich tagen,
Zagel nicht, der Freund ist nah!

Hiltburg.

Weh! Unkundig des Geschick's,
Nährst mit Hoffnung Du den Schmerz,
Daß er wachsend zur gift'gen Natter
Sich'rer zerfleische das blutende Herz.

Gudrun (sich halb aufrichtend).

Mädchen, Ihr weint? Bleich und verzagt
Muß ich Euch schau'n, des Jammers Bild?

Hiltburg.

Forsche nicht weiter — laß' das Vergang'ne!
Elend's genug birgt Dir der Zukunft
Verborg'ner Schooß —

Gudrun.

    O Jammerloos!
Was ist gescheh'n, daß meine Augen es nicht seh'n?
Daß meine Sinne es nicht fassen?
   (auffahrend.)
Wo sind wir?

Hiltburg (verzweiflungsvoll).

    Auf off'ner See
Treibt uns der Wind des Normann's Küste zu!

Die Frauen.

    Wehe! Ach wehe!
Nimmer entflieh'n wir der Knechtschaft Tod,
Erbarmt sich Gott nicht uns'rer Noth.

Gudrun.

Verräth'rische Welle, schling' mich hinab,
Der Unseligen öffne ein Grab!
    (Sie versinkt in brütendes Sinnen.)

Nun faß' ich es wieder — aus Traumes Nacht
Fern dämmernd mir Erinnern sagt:
Ein kaltes, blasses Morgenroth,
Aufdeckend Wunden, Kampf und Tod.

    (langsam, nach und nach mit gesteigertem Affekt.)

Vom Wülpensand her die Stimme drang,
Vom Wülpensand Waffenruf erklang,
Der Tod mit sausender Sense
Hielt dort sein blutig Gericht.
Dunkel dräute die Nacht, matt spähte der Blick,
Hell lauschte das Ohr, wild tobte der Kampf,
Heiß spornte die Wuth die Helden an,
Von den Helmen sprühten die Funken.
Voll Ungeduld sprang Herwig an's Land,
Bis zu den Hüften stieg ihm die Fluth,
Hoch über'm Haupte das Schwert er schwang
Und taucht' es rächend in Feindes Blut.
Mit Donnerstimme, dem Sturmwind gleich,
Braust' Wate heran, es stöhnte der Grund
Vom Eisenschritt der kampfkühnen Männer,
Zu den Knieen drang ihnen das Blut.

Im tiefsten Gewühle Hettel stand,
Im hellen Schmucke der Waffen,
Stark war sein Arm, hoch ging sein Muth,
Sein Adlerauge beherrschte den Plan,
Den Gegner erspähend, Ludwig den Leuen,
Des Normann's greisen König. —
Bald traf er den Feind, zwei Aaren gleich,
Wuthschnaubend liefen einander sie an;
Gleich jungen Tigern, in weiten Sätzen
Doch Herwig und Hartmuth zu Hülfe eilten
Den Greisen herbei — laut klirrten die Klingen —
Von Streichen sauste die Luft. — Weh mir! —
Angst schnürte den Busen mir zu,
Und sinnberaubt stürzt' ich nieder!
Was weiter geschah, Hillburg melde nun Du!

Hillburg.

Des Wehes sahest Du genug.

Gudrun.

     Nicht weiche mir aus!
Wo Hillburg schweigt, hat Gutes nicht sie zu künden.
(fragend.)

Der Vater fiel?

Hillburg.

     Weh' uns, er fiel!

Gudrun.

Von König Ludwig's Hand?

Hiltburg.

Von König Ludwig's Hand.

Gudrun
(mit äußerster Angst und Anstrengung).

Und Herwig? — Vollende!

Hiltburg.

Herwig? Er lebt!

Gudrun (tief aufathmend).

O Vater! So lebt Dir der Rächer!
(dumpf)
Verflucht sei die Hand die Dich traf,
Verflucht er, den er gezeugt.

Hiltburg.

Fasse Dich, Theu're!

Gudrun.

Wahn nährst, Harte, Du!
Redlich nicht redet Dein Mund.
Wenn Herwig lebte, der Held,
Wie dann triebe Gudrun
Auf off'ner See zur Stund,

Dem Strande des Normann zu?
Nicht schone mich fürder, vollende!

Hiltburg.

Was den Freunden die Nacht verwehrte,
Das leistet' dem Feinde die Nacht;
Was der Kühnen Trotz mißlang,
Den Feigen gelang es durch List.
Tiefer senkte ihr Trauergefieder,
Nacht auf alle Fluren nieder,
Hiebe trafen so Freund wie Feind.
Waffenruh da Wate gebot
Bis an den grauenden Morgen.
Viel müde Kempen ruhten aus
Der Wunden pflegend, auf ehernen Schilden
Im Eisenpanzer die Helden schliefen.
Still ward's von Waffengeklirr am Dünenstrande.
Nur Stöhnen der Sterbenden klagvoll drang,
Zu uns über's Meer, sein Sturmlied sang
Die Müden ein zur ew'gen Ruh':
Manch' Heldenauge fiel da zu. —
Wir Frauen klagten und weinten.
Bewußtlos lagst Du, des Todes Bild,
Da gebot Hartmuth uns Schweigen,
Der Klage Laut bannt' er im Busen
Durch Furcht. Den Mantel schlug er um Dich hin,

Daß der Nachtthau nicht Dir schade,
In seinen Armen trug er Dich her,
Bereitete sorglich Dein Lager.
Wir folgten Dir schweigend und schluchzend.
Da plötzlich ward's unterm Schiffsvolk lebendig,
Mit regsam gespenstig' graufiger Eil'
Ergriffen die Mannen, wohl achtzig an Zahl,
Die stämmigen Ruder und trieben, o Qual,
Uns lautlos hinaus in die offene See!

Gudrun.

Zur List griff der Feige aus Furcht,
Weh dem Schooße der mich gebar!
Zu theuer, Mutter, erkaufst Du Dein Kind
Mit dem Tode des edelsten Gatten!

(Sie erhebt sich und schleudert den Mantel weit von sich.)

Hinweg, weichlicher Prunk!
Der Sklavin nicht ziemt's sich zu schmücken.
Wie ich Dir, Mutter, Sorgen erschuf,
Wie ich Dich schied von des Tages Freuden,
Will ich mich scheiden von weichlicher Lust,
Nähren den Gram in der jungen Brust.
Wie Deine Thränen nie versiegen,
Wie Deine Seufzer nie verhauchen,
Trocknen nimmer Gudrun's Thränen,
Enden nimmer Gudrun's Klagen!

Stummer Vorwurf auf den Lippen
Und im Busen kalte Rache,
Das die Mitgift, stolzer Normann,
Einer freien, deutschen Braut.

   Hergart (bei Seite).

Ei, fürwahr, ein Liebchen traut!

Zweite Scene.

Page Hartmuth's. Vorige.

Gruß und Ehr' Euch edlen Frau'n.
   (zu Hiltburg.)
Deiner Herrin sollst Du melden
Von Herrn Hartmuth solchen Gruß:
Daß Frau Gudrun sich bereite
Ihn zu seh'n ist sein Begehr,
Auf dem Fuß mir folgt er her.

   Gudrun (zu Hiltburg).

Die Antwort weißt Du.

Hiltburg (zum Pagen).

So sprich zu Hartmuth meine Frau:
So ihren Schmerz er achtet,
So ihren Gram er ehrt,
So ihm die Herrin werth,
Vor Augen nicht ihr zu treten.
(Page ab.)

Dritte Scene.

(Hartmuth, die Antwort überhörend, tritt plötzlich vor Gudrun und bedeutet den Frauen sich zurückzuziehen. Gudrun faßt sich schnell und steht in Gelassenheit und Hoheit vor ihm.)

Hergart.
(Indem sie an Hartmuth vorübergeht.)

Schmuck däucht mich der Normann, hehrer denn Herwig,
Gram nicht, Gudrun, ist Dir das Schicksal gesinnt,
Klagst Du es grimmig gleich an.
(Hergart und Frauen ab.)

Vierte Scene.

Hartmuth. Gudrun.

Banne den Unmuth, theure Frau!
Hebe das Haupt, das gramesbleiche,
Dem Kelche gleich nach Wetterschauern,
Lächelnd durch Thränen! —
Als Feind nicht nahet Dir Hartmuth,
Zu Füßen Dir flehet der Freund!
Wie er sich schwer an Dir verging,
Wie er Dein schuldlos Herz gekränkt,
   Weiß er allein, —
Wie schwer die Schuld die er verbrach
   Hofft er Verzeih'n:
Fürsprecherin sei ihm die Liebe,
   Liebe die ihn bezwang,
Als er Dich Herrin erkor,
Spreche von Schuld ihn rein.
Wie er gestrebt mit Trotzes Gewalt,
Als es Dich Hehre erringen galt,
Wie mit dem Schwert er die Braut gefreit,
Sei ihrem Dienst es nun geweiht.
Seine Schneide sei Dir Schirm und Schild,
Was Hartmuth besitzt, sei Gudrun's Eigen,

Hartmuth's Stolz sei Gudrun's Ehr',
Ihrem Wunsche beugt sich sein Wille,
Dem Kühnen gebiete sie frei.
(Er legt sein Schwert zu ihren Füßen nieder.)

Gudrun.

Fügst Du zum Jammer den Hohn?

Hartmuth.

Wärst Du so unkund der Sprache der Liebe,
Daß Du mißdeutest ihren Sinn?
Wärst Du so unkund der eigenen Reize,
Wähnst Du, daß wer Dich sah,
Hoffend den Blick zu Dir erhob,
Aus dem Busen je banne Dein Bild?
Besser ihm bleichten der Jugend Wangen,
Besser wär' ihm, er schiede vom Leben,
Als daß er lösche mit frevelndem Trotze
Die Flamme, die läuternd sein Dasein verklärt!
Ruhig träumte mein Herz, entgegen dem dämmernden
Morgen,
Der Seele gleich wie sie des Schöpfers Geist entsprang,
Ahnungsvoll feiernd; — da kamst Du — und es ward
Tag!
Wie auf purpurner Fährte die Morgenröthe emporsteigt,
Segnend die Erde begrüßt und Rosen ausstreuend
Sie schaffet zum Wohnsitz der Wonne —

Also ging mir, da ich Dich sah —
Der Liebe Morgenroth auf in der Brust!
Doch wie die Schatten folgen dem Lichte
So folget der Liebe der Sorgen Heer:
Hoffen und Zagen, Lobsingen und Klagen,
Todessehnen und jauchzende Lust!
Die Du Wunden schlägst mit blühenden Reizen,
Wie sie kein Schwert des Gewalt'gen schlägt,
Die Du Ketten schmiedest aus Liebesbanden,
Die keines Leuen Kraft zerreißt,
Die Du Sorgen weckst, die kein Dämon bannt,
Die Du Wonnen schaffst, die kein Gott ersinnt,
Grausame, hältst Du so strenges Gericht
Ob der Schuld, die Dein Liebreiz verschuldet?

Gudrun.

Blutschuld trennt Dich von mir.

Hartmuth.

Sühne Dir biet' ich. Nenne den Preis.
Einen nur weiß ich, den zu verwehren
Minne gebeut.

Gudrun.

      Rache nur sühnet.

Hartmuth.

Herz und Hand bietet Dir Hartmuth.

Gudrun.

Die Herwig freite, die Braut —
Nie wird sie Hartmuth's Gemahl.

Hartmuth.

Was Herwig Dir war, werde Dir Hartmuth.

Gudrun.

Wär' ich so niedrig, vergessend der Schmach,
Im Busen zu bannen die seufzende Fluth,
Thränen zu trocknen an trauernder Wimper —
Eh' schöpfest des Meeres Abgrund Du leer,
Eh' Thränen Du trocknest am Mutterauge.

Hartmuth.

Drei Kiele rüst' ich mit reisigen Mannen;
Fülle des Goldes in eichenen Kammern,
Tragen sie hurtig auf Windesflügeln,
Ueber die blaue Straße des Meeres,
Hin zu dem Strande der Hegelinge,
Frau Hilden Sühne zu bieten.

Gudrun.

Sclaven nur kaufst Du mit Gold.

Hartmuth.

Was Hartmuth's Schätzen nimmer gelinget,
Geböte er einer Welt —

Mit sanfter Fürbitt' Gudrun vollbringet:
Mutterthränen leicht trocknet das Kind.
Weiß Frau Hilde Gudrun geborgen,
Hartmuth's glückliche Königin,
Sicher bald lebte sie ohne Sorgen,
Neigte, bezwingend den starren Sinn,
Sich segnend zum Bunde der Tochter hin.

Gudrun.

Gift sei der Hauch aus meinem Munde
 Der für Dich spricht,
Nacht sei das Licht meiner Augen
 Das hell Dich grüßt,
Tod sei der Laut meiner Lippen
 Der seufzerlos trifft Dein Ohr.

Hartmuth.

Schnell bist Du, Weib, mit Worten schwer zu kränken,
Scharf ist der Pfeil, den Du vom Bogen schnellst,
In Haß getaucht anstatt in Liebessehnen,
Und sich'rer trifft er, weil von Dir er kommt.
Doch mit dem Schmerze rechtet nicht der Mann:
Verkennen kannst Du mich, verachten nicht.

Gudrun.

Achtung nicht forb're,
Wer Recht und edle Sitte tritt mit Füßen.

Hartmuth.

Ich lieb' es sonst aufrecht mein Haupt zu tragen,
Und beuge mich den Höchsten nicht der Erde,
Auch lieb' ich es, dem wilden Waldstrom gleich,
Von Hindernissen heft'ger nur gespornt,
Den eig'nen Weg durch's Leben mir zu bahnen.
Denn heißer als dem Sohne Deiner Heimat,
Rinnt in den Adern mir das rasche Blut,
Dem sprüh'nden Feuergeist vergleichbar,
Der unf'rer Rebe Opferglut entquillt.
Doch steht vor Deiner hohen Weiblichkeit
Anbetend still mein ungestüm' Verlangen,
Ein klarer Spiegel liegt vor Dir mein Sein,
Dein Bild in tausend Farben aufzufangen,
Von ihm sein Licht und Leben zu empfangen.

Gudrun.

    Täusche Dich nimmer!
Ewig verhüllt, wend' ich mein Antlitz Dir ab.

Hartmuth.

  Wie ich vor Hettel um Dich warb,
  Als Du mir weigertest Herz und Hand,
  Was da ich schwur, halt' ich getreu:
Rache schwur ich Deiner Sippe — Liebe schwur ich Dir.
  Der Rache Durst traun ist gestillt,
  Versöhnt biet' ich Sühne der Sippe,

Ganz Dir nur Liebe zu sein.
Täglich neu um Dich zu werben,
Liebend siegen oder — sterben,
Das sei Hartmuth's Losungswort.
(Er stürzt hinaus.)

Gudrun.
(Sinkt erschöpft auf ihr Lager zurück.)
Wehe! ach Wehe!
Leid kettet sich mir unlösbar, Ring an Ring!

Hiltburg.
(Bemüht sich um sie.)
Schone Dich, Herz!

Matrose im Takelwerk.
Ferne von Dir
Trauert mein Herz.
Wär' ich ein Vogel
Auf Schwingen der Möve
Flög' ich zu Dir,
Und würde froh.
Wär ich ein Vogel
Joho! —

Matrosen.
Wär' ich ein Vogel
Joho!

Matrose.

Fern über's Meer
Treibt mich der Wind.
Wär' ich ein Fisch,
Auf silberner Flosse
Schwämm' ich zu Dir
Geschwind.
Wär' ich ein Fisch!
Joho!

Matrosen.

Wär' ich ein Fisch!
Joho!

Matrose.

Mein ist ein Herz
Hafen und Ruh.
Wär' ich ein Schiff
Auf Flügeln der Segel
Schifft' ich ihm zu.
Ruhe bist Du.
Wär' ich ein Schiff!
Joho!

Matrosen.

Wär' ich ein Schiff!
Joho!

Matrose.

Doch bin ich nicht Vogel noch Fisch,
Bin ich nicht Segel noch Wind,
Auf Sehnsuchtsschwingen
Eil' ich zu Dir
Mein Kind!
Joho!

Matrosen.

Eil' ich zu Dir
Mein Kind!
Joho!

Fünfte Scene.

Rolph. Hergart.

Rolph.

Ei, so einsam schönstes Kind?

Hergart.

Was kümmert's Euch?

Rolph.

Je nun, wer weiß?
Bist gar ein herzig's Geschöpfchen,
Senkst Du gleich traurig das Köpfchen.

Hergart.

Will mich der Herr nicht traurig seh'n,
So mag er seines Weges geh'n.

Rolph.

So schnippisch just lieb ich ein schönstes Kind!
Wo rothe Mündchen schmälen und schmollen,
Da weiß das Herzchen nichts von Grollen.

Hergart.

Mit Eu'rem Wissen so will's mich bedünken,
Scheints gar erstaunlich mir zu hinken.

Rolph.

Kein Wunder traun, wär' mir der Kopf verdreht,
Da stets er sich nach einem Punkte kehrt,
Wo ihm zwei dunk'le Augensterne winken;
Und leitet Hoffnung nicht mit linder Hand,
Zum Hafen bald mich, daß ich Anker werfe,
So fürcht' ich, komm' ich ganz um den Verstand.

Hergart (lachend).

Ha! Die Gefahr ist groß! Was wäre da zu machen?
Vorerst gedenk ich Euch recht tüchtig auszulachen.

Rolph.

Viel lieber seh ich lachen Euch als weinen.

Hergart.

Seht da! Was hat der Herr denn hier zu meinen?
Ob lieb, ob unlieb ihm, was geht das mich denn an?
Wein' er und lach er wie er immer kann,
Nur kümm're ihn nicht mein Lachen oder Weinen.

Volph.

Das ist wohl leicht gesagt doch schwer gethan.

Hergart.

Ist's schwer, nun um so besser, fangt's bei Zeiten an.

Volph.

Gebt bessern Rath! So spricht ein unerfahren Blut.
Der Mann doch, der da eitel sich vermäße,
Mit kaltem Muth Frau Minne zu bestehn,
Bewährte nur des Thoren Uebermuth,
Um über kurz und lang sich doch besiegt zu seh'n.

Hergart.

Macht's wie Ihr wollt! Mir scheint der größ're Thor
Bei Weitem Der, der weh- und demuthsvoll
Das Haupt hinhielte, ihr, der Ueberschlauen,
Bis sie das Netz ihm zöge über's Ohr.

Volph.

Zu spät für mich, das Uebel ist geschehen.

Hergart.

So rath' ich Euch zu Bette gleich zu gehen,
Und selig Euch zu träumen in den Ehstandshimmel.
Schon seh ich gähnen Euch und hör' Euch schnarchen,
Im Schlafe der Gerechten, gleich einem Patriarchen.
Ich wünsche wohl zu ruh'n!

Uolph.

Den Wunsch geb' ich zurück!

Hergart.

Gehabt Euch wohl!

Uolph.

Desgleichen Ihr!

Hergart.

Ein prächtig Echo gibt der Herr da ab!
Fürnehmste Eigenschaft für einen Ehemann,
Der seiner Frau als Psittig dienen kann.

Uolph.

Ein Sprüchwort sagt, zieht Euch die Lehre draus:
„Wie in den Wald Du rufst, so klingt es Dir heraus."

Hergart.

Das werd' ich weislich wohl hübsch bleiben lassen,
Für solchen Ohrenschmaus sind just wir nicht zu Haus,
Gesättigt bin ich schon, und zieh' die Lehr' davon,
Daß künftighin ich meine Zunge besser schon'! (ab.)

Rolph.

Wie bin ich doch der süßen Schelmin gut!
Die Schäferin, wie sie auch spröde thut,
Ich zage nicht, ich heiz' ihr noch das Blut,
Bis es zum Siedpunkt kommt, und seine Fluth
Mir liebestrahlend in die Seele sprüht,
Die salamandergleich in ew'gem Feuer glüht. (ab.)

Sechste Scene.

(Zelt. König Ludwig. Hartmuth. Vor dem Zelte lagern die Ritter und Mannen.)

Ludwig.

Schwer fürcht' ich, Sohn, fällt meines Arms Gewicht
In Deines Glückes Waage. Daß ich den Vater ihr schlug,
Hart traf es die Jungfrau.

Hartmuth.

    Wie ich es wende —
Hart bleibt mein Geschick. — Fiel Hettel nicht —
Wie wär' da Gudrun mein? Und ist sie mein
Da Hettel fiel? Weh mir! —
An meiner Wiege wachten ernste Nornen,

Und weblen in des Daseins Frühlingshelle,
Den rothen Faden mir in Blut gefärbt,
Daß solchem Grunde nie des Friedens Blume
Und nie der Liebe holde Frucht entkeime!
Mit dem Schwerte ertrotzt' ich die Braut,
Doch rächend ward mir die Liebe zum Schwert,
Durchbohrend die eig'ne, begehrende Brust!

Ludwig.

Heller, Sohn, leuchtet des Helden Muth,
Gehärtet im Feuer der Liebe.

Hartmuth.

Der eig'ne Name will meiner spotten,
Hartmuth zu heißen verdien' ich nicht mehr,
In Wehmuth zerfließ ich vor dieses Weibes Blick,
Dem thränenvollen — mich jammert ihr Geschick.

Ludwig.

Ermanne Dich! Vertrau' der eig'nen Kraft,
Vertrau' der Liebe die in Weibern Wunder schafft.
Den kühnen Herzensstürmer spricht gern die Jugend frei,
Gar bald in ihrem Herzen die Liebe für ihn spricht,
Des schönen Frevler's Sache sie siegreich wohl versicht.
Und wie das schlanke Eppich zur Eiche klimmt hinan,
Seh' ihren Arm umschlingen ich Deinen Nacken dann.
Doch räthlich will mich's dünken, ich meide ihre Näh',

Nicht Wunden ihr zu wecken, zu stacheln nicht ihr Weh.
Drum will dem wilden Montfort die Jagd ich heizen ein,
Ihm soll auf ew'ge Zeiten die Lust verdorben sein.
Verdient hat er's schon lange daß meinen Zorn er fühl',
Verachtung nur bis heute erhielt das Blut mir kühl.
Das trifft sich mir gelegen, willkomm'ner Zeitvertreib,
Indeß Du Dir daheime erjagst ein edles Weib.

Hartmuth.

Nur ungern, Vater, seh' ich Euch scheiden,
Um meinetwillen die Heimat meiden.

Ludwig.

Sei unbesorgt! Gezwungen pflegt der Leu der Ruh,
Frau Gerlint hält er nicht Stand.
Dem narbenbedeckten, dem schwieligen Leib
Taugt nicht der tyrische Purpur zur Rast,
In Hain und Flur, in Streit und Strauß,
Da war er und ist er am liebsten zu Gast.
Schon nah'n wir dem Ende der Fahrt.
Auf schnellerm Kiele eil' ich voraus,
Frau Gerlint zu begrüßen,
Der Fahrt Ausgang der Mutter zu künden,
Die Braut zu empfahn sollst bereit Du sie finden.
Dann fort mit Hörnerklang und Jagdgesang,
Zu des wilden Montfort's stürmischer Jagd!
Doch leuchtet dereinst Dir die bräutliche Fackel,

Kehr' ich, an Deinem Glück mich zu laben,
Froh im Enkel den alternden Stamm
Neu sich verjüngen zu sehn! Nun reich' mir die Hand,
Und laß' die Mutter nicht so weich Dich finden,
Du weißt, sie liebt im Mann ein männlich Herz.
Und — Eines noch — will's Dich nicht halten mehr,
So mach's wie ich, ein guter Sorgenbrecher ist die Jagd,
Die uns den Muth zu Abenteuern frisch erhält.
Leb wohl!
(Ludwig mit Gefolge ab.)

Hartmuth.

    Lebwohl! Ich fürcht' —
Mir ist auf immer nun die Jagd vergällt.
(Ab.)

Siebente Scene.

Matrose im Takelwerk.

Ich bin des Meeres Thürmer
Und sehe was Keiner sieht,
Auf hohem Maste steh' ich
Und pfeif' ein fröhlich Lied.
Auf hochgewölbter Woge
Durchschiffe ich die Welt,

Der goldgestirnte Himmel
Der ist mein nächtlich Zelt.
Und ist mein Stündlein kommen
Das schafft mir keine Noth,
Freund Hein heiß ich willkommen,
Im Sturm holt mich der Tod.
In Sturm und Wetterbrausen
Hab' ich ihn oft geschaut;
In Wettersturm und Brausen
Hab' ich auf Gott vertraut.

Achte Scene.

(Pagen Hartmuth's tragen Truhen mit Prachtgewändern und Kästchen mit Juwelen herbei, die sie zu den Füßen der Frauen niedersetzen.)

Page.

Blumen und Bänder,
Schmuck und Gewänder,
Wie sie mit Pracht
Erhellen die Nacht,
Schickt Euch durch mich

Hartmuth der Herr.
Ihn zu beglücken,
Euch zu schmücken
Fleht freundlich er.

Gudrun.
(Zu ihren Frauen.)
Wer von Euch des Schmuckes hier begehrt,
Verlasse mich und ewig sei entehrt!
(Alle Frauen außer Hergart, welche abseits steht.)

Alle.
Was Du erwählest, o Königin,
Dein Loos wir theilen mit treuem Sinn.

Gudrun.
So laßt den Putz bei Seite schaffen!
(Man bringt die Koffer weg.)

Page.
(Heimlich zu Hergart.)
Doch für Dich
Ganz allein,
So sprach Rolph
Der Diener Dein,
Sollen diese Spangen sein,
Und dazu ein Ringlein fein,
Von dem reinsten Golde,
Dich zu schmücken, Holde!

Herzart.

Gar artig, Knabe, spricht Dein Herr,
Ein Mann bewährt in edler Minne Dienst,
Drum nicht des Undank's zeih' er mich.
Verschmäht die Herrin solch' Geschmeid,
So ziemt das ihrer Herrlichkeit,
Doch ziemt's nicht minder meiner Wenigkeit,
Getrost zu nehmen was mich freut.
(Sie steckt die Spangen an den Arm und den Ring an den Finger.)
(Page ab.)

Matrose oben am Mast.

Land! Land!
Gegrüßt sei mir Land!
Gegrüßt sei mir jauchzend,
Du heimischer Strand!
In bläulicher Ferne
Mein Auge gewahrt
Des Hafens Sterne
Nach drangvoller Fahrt.

Matrosen.

Land! Land!
Gegrüßt sei uns, Land!
Gegrüßt sei uns jauchzend,
Du heimischer Strand!

Gudrun.

Wie ihre Freudenklänge mir das Herz zerschneiden!
(Die Frauen sinken auf die Knier.)
Barmherziger! Hilf' tragen uns dies Leiden!
Sonst wär' uns besser, es schlänge zur Stunde,
Die Wasserschlang' uns mit gierigem Munde
In ihren schwarzen Schlund hinab,
Und wir ruhten im ewigwogenden Grab. —

Der Vorhang fällt.

Ende des zweiten Aktes.

Dritter Akt.

Erste Scene.

(Meeresküste der Normandie. Feste Burg am Meere. Auf der Zinne steht Königin Gerlint und spähet in die Ferne.)

Gerlint.

Kein Zweifel mehr! — Die Kiele sind im Hafen,
Die weiße Fahne winket Sieg — die Fahrt gelang. —
(Zu den Mannen:)
Auf! Hißt die Wimpel auf, den König zu begrüßen!
(Fahnen und Teppiche werden aufgerollt.)
Sie führen heim die Braut. — Wahnwitz'ger Rath —
Den thöricht einst ich selbst mir zum Verderben gab,
Da unbesiegbar ich die stolze Jungfrau wähnte,
Die sich der Minne Zauberzwang entzog,
Die in der Brust ein Herz nährt, kalt wie Eis,
Dem Gletscher gleich, der ihres sonnenarmen Landes
Schroffkahle Felsen krönt; ein leichter Wagstück
Wähnt' ich, wär's, herabzureißen vom gewölbten Himmel

Den bleichen Nordstern und im Sumpf zu löschen,
Als daß die Stolze sich dem Joch der Ehe beuge.
Die Göttin, ha! — ist nur ein Weib wie viele,
Nicht mehr, nicht minder als ein liebend Weib,
Und dieses Weib ist Gattin meines Sohnes! —
Verhängnißvolle Stunde, die im flücht'gen Nah'n,
Des längsten Lebens Arbeit mir zerstört,
Mich um die Liebe meines Sohn's betrügt,
Und mir sein Herz, darin ich herrsche unumschränkt,
Mit einem Streiche theilet in zwei Hälften,
Davon die eine, größ're — ihr gehört — der Fremden!
Gewohnheit süß und schön, mir allzulieb geworden,
Sie soll' ich lassen? — Theilen mit der Schnur?
Mit einer Fremden theilen meines Kindes Liebe?
Ha! Nimmermehr! Eh' will ich einem Reich entsagen,
Eh' will ich Wasser tragen für die ärmste Magd,
Die Füß' ihr waschen und mit meinen Haaren trocknen,
Holz spalten mit den Zähnen —
        (Sie hält inne, da sie Schritte vernimmt.)
                    Ha! Sieh' doch —
Mein Gatte naht sich uns mit eil'gem Schritt,
Was wird er bringen? —
        (Sie ruft in die Kemmenate hinein.)
Ortrun! Ihr Mädchen, eilt, den Vater zu empfah'n!
        (Sie steigt zur Kemmenate hinab.)

Zweite Scene.

(Ortrun und ihre Gespielinnen erscheinen auf der Zinne; später
König Ludwig und Gefolge.)

Ortrun.

Der Vater kommt! O Heil der frohen Botschaft!
(Sie winken mit den Tüchern und eilen dann gleichfalls hinunter.)

Ludwig (und Gefolge).

Seid mir gegrüßt, Frau Gerlint,
Heil kehren wir und froh der Fahrt,
Heim führen wir die Braut.

Gerlint.

Willkommen Euch, viel edler Herr,
Des Guten bringt Ihr viel!

Ortrun.
(Umarmt den Vater.)

Gott grüß Dich, Vater!

Ludwig.

Grüß Gott, liebes Kind!
(Küßt sie.)

Ei! wie die Zeit, in der ich ferne weilte,
Dir auf den Wangen hat die Knospen aufgeküßt.

Ortrun.

Sprich! Bin ich groß geworden?

Ludwig.

Nun freilich, Nütrchen!
Groß und schön!

Ortrun.

Bringt Hartmuth uns Gudrun?

Ludwig.

Mir auf dem Fuße folgen Beide.

Ortrun.

O welches Glück! O Herzensfreude!
Wie innig freu' ich mich der Schwester!
(Zu den Mädchen:)
Zur Zinne folget mir, die Traute zu erspäh'n,
Ich will zuerst sie grüßen, ich zuerst sie seh'n!
(Ortrun und Mädchen ab.)

Dritte Scene.

Ludwig. Gerlint. Gefolge.

Ludwig.

Die müden Kempen labe, Weib, mit Speis' und Trank,
Für Deine Mühe wissen sie Dir Dank.

Gerlint.
(Zu den Mannen:)
Bereitet ist das Mahl und auch das Lager.
(Mannen ab.)

Vierte Scene.

Ludwig. Gerlint.

Ludwig.

Nicht lange läßt's mich rasten hier,
Mit Tagesanbruch brech' ich wieder auf.

Gerlint.

So bald schon treibt es Dich von hinnen?
Und werd' ich nie des Wiedersehens froh,
Da stets ein Scheiden auf dem Fuß ihm folgt?

Ludwig.

Genug der Sorge häufet sich für Dich
Bei uns'rer edlen Hochzeitsgäste Nahen,
Des Gatten mag die Gattin da entrathen,
Viel gibt's zu thun, die Burgfrau läßt's nicht ruh'n,
Gerüstet steht sie früh und spat, mit Waffen nicht,
Mit Spindeln schafft sie Heldenthaten.

Gerlint.

Früh lehrteſt Du mich ſchon als Herrin ſchalten,
Vom Ruhen haſt Du niemals viel gehalten,
Der Sieche ſuchet kaum die Burg zur Noth,
Den Heilen hält nicht Dach und Fach daheim.

Ludwig.

So iſt es Kriegers Art. Du nahmſt mich wie ich bin,
Zufrieden daß ich's ſei. Du biſt des Leuen Weib!
Viel Abenteuer hab' ich heut' Dir zu berichten,
Beim frohen Mahl im Saale harr' ich Dein,
Indeß du mütterlich die junge Braut empfängſt.
Bekümmert iſt ſie um des Vaters willen,
Den ich ihr ſchlug — drum ſchone ihren Schmerz,
Und meinen Namen nenn' ihr nicht.   (ab.)

Fünfte Scene.

Ortrun (von Oben).

O Mutter, ſie nahet! Es nahet das liebliche Bräulchen!
Gefolgt von der Jungfrauen blühender Schaar!
(Sie winkt mit dem Schleier.)
Willkommen mir, Schweſter! Willkommen mir, Bruder!

Gerlint.
(Kommt von unten heraufgestiegen.)
So schweige doch, Närrin! Wozu der Lärm!
Geziemt Dir das? Du schreckst sie ja!

Ortrun.
Blüthweißen Schwänen gleich schreitet der Zug
Dem blauenden Ufer entlang —

Gerlint.
Du faselst, Kind,
Elend und bleich wanken die Frauen daher,
Wohl sänke die bräutliche Frau, stützte traun
Sie nicht Hartmuth. —

Ortrun.
Mutter, sie weint!
Wehe, o wehe der Armen!

Gerlint.
Weit hehrer dünkt mich
Im Normannenreiche die nied're Magd,
Als diese Königin im Bettlerkleide.
(Sie steigen zur Kemmenate herab.)

Sechste Scene.

(Hartmuth. Gudrun auf Hillburg gestützt. Vorige.)

Hartmuth.
Gegrüßt sei mir, Mutter!

Gerlint.
Gruß Dir, mein Sohn!

(Umarmt ihn, dann wendet sie sich zu Gudrun, die vor ihrem Gruße zurückbebt.)

Gudrun.
Bei dem heil'gen Namen, den er nannte,
Bei den Lippen, die Dich selig priesen,
Gedenk der Mutter, die im fernen Norden
Die Hände blutig ringt nach ihrem Kind.

Gerlint (zu Hartmuth).
Bräutlich nicht grüßt mich die Frau,
Festlich nicht naht mir der bräutliche Zug,
Klagweibern ähnelt ihr Kommen.

Hartmuth.
Gedulde Dich, Mutter! Der langen Fahrt Mühsal,
Brach ihres Muthes Kraft — gönne ihr Rast!

Ortrun (zu Gudrun).

Herzlich verlangt es mich, Gudrun, Dich zu umarmen,
Seit ich Dich sah, schlug Dir entgegen mein Herz.

Gudrun (gerührt).

Lieblichstes Mädchen!
(Küßt sie.)

Hartmuth.

Ortrun komm', herze auch mich!

Ortrun.

Herzlieber Bruder! Laß' Dich recht inniglich küssen!
Sprich: Darf ich Schwester sie nennen?

Hartmuth.

Frage sie selbst! —

Gudrun (zu Ortrun).

Du nenne mich, wie Du mich liebst!

Ortrun.

Wie bin ich, Schwester, Dir so gut!
Ich bitte Dich, Traute, weine nicht mehr!
Grämt Dich die lange Fahrt so sehr?
Dünkt Dich die Heimath zu meiden so schwer?

Gudrun.

O möchtest nimmer Du erfahren, Kind, wie schwer!
O möchtest nie Du von den Deinen scheiden,
Um nie, was theuer Dir und werth, zu meiden!

Ortrun.

Gedenkst der Deinen Du so treu und warm,
So sollst Du oft mir von der Heimath sagen,
Ich will nach Allem, was Dir lieb ist, fragen,
Das lindert sicher Deines Sehnen's Harm.

Gudrun.

Gern ruf' ich in der jungen Seele Dir
Des fernen Nordens ernste Bilder wach.

Ortrun.

Ließ'st eine Schwester Du daheim?

Gudrun.

Tochterlos weint Hilde. Der Wehvollen Trost,
Ein blühender Knabe, blieb Ortwin allein.

Ortrun.

Sprich! Sieht er Dir gleich?

Gudrun.

Freier trägt er die Stirn', höher hebt er das Haupt,
Im blauen Blick nur, im schelmischen Grübchen
Glich Gudrun er, da froh sie war. —

Ortrun.

Erzähle von Ortwin mir viel und oft,
Herzlich bin ich ihm gut — um Deinetwillen!

Gerlint (zu Gudrun).

Des Glückes achtest Du gar so gering,
An Hartmuth's Seite zu thronen?
Schmähung und Klagen nur hast Du für uns?

Gudrun.

Der Freie freie die Freie.

Hartmuth.

Meiner Minne Herrin bist Du allein.

Gudrun.

Wer die Minne mißachtet, ford're nicht Minne,
Wer den Zwang heiligt, ford're nicht Recht.

Gerlint.

Der Edle winkt — die Magd ist frei.

Gudrun.

Schlecht dankt sie es ihm. Der Magd gebiet' er,
Was ihres Dienstes, leistet sie willig und treu.

Hartmuth (zu Gerlint).

Geleite die Müde zur Rast. Gedulde Dich, Mutter.

Gerlint (zu ihren Frauen).

Bereit ist die Wohnung, führet die Frau hinweg.

Ortrun.

Gib', Mutter, daß ich selbst Gudrun geleite,
Bald, hoff' ich, soll es ihr bei uns gefallen.
(Gudrun mit Ortrun und den Frauen ab.)

Siebente Scene.

Hartmuth. Gerlint.

Gerlint.
(Nach düsterm Schweigen die Hand auf Hartmuth's Schulter legend.)
Ich fühle, Sohn, was schwer auf Deinem Herzen wiegt:
Gefangen ist Gudrun — doch nicht besiegt.

Hartmuth.
Du sprichst es aus — hab' Dank!
Unsagbar ist, was mir die Brust bewegt.
Seit ich dies Weib mit Waffen mir gewann,
Bin willenlos ich und ihr unterthan.

Gerlint.
Zerreiße die Fessel und sei ein Mann.

Hartmuth.
Nie hat zuvor die Brust so viel der Sorgen,
Und nie so viel der Seligkeit geborgen.

Gerlint.

Du siehst sie mit dem Vorurtheile des Verliebten,
Und läßt das Herz Dir in die Augen treten,
Daß es im Wahn der Liebe sanft erblinde.
Ich schau sie mit der Mutter Seherblick,
Der sich'rer weissagt Kindes Wohl und Mißgeschick.
Kalt ist sie wie das Land, das sie gebar,
Schnee ist ihr Busen, innen schlägt kein Herz.
Vergeblich hoffst Erhörung Du, von diesem Bild aus Erz.

Hartmuth.

Ein laut'rer Zeuge spricht für sie der Schmerz.

Gerlint.

Stolz bläht sie allzuhoch.

Hartmuth.

Stolz nicht, nenn's Würde, Mutter!

Gerlint.

Verachtung beut sie Dir und mir!

Hartmuth.

Was sie bedrängt, 's ist nicht die eig'ne Noth,
Der Mutter Schicksal und des Vaters Tod
Beweint sie, ach, mit Zähren, die zu trocknen,
Mit meinem Herzblut, allzutheuer nicht erkauft
Ich wähnte!

Gerlint.

Ich seh' es wohl! Sie hat Dir's angethan,
Und meiner Weisheit leihst Du taube Ohren,
Der Mutter Lehren achtest Du gering
Seit Dich der fremde Weiberrock bethört,
Seit sie mit Zauber frech und unerhört,
Dir Deinen kindlich off'nen Sinn berückte,
Und ihre List trugvoll Dein Herz bestrickte.

Hartmuth.

   Nicht sie klag' an,
Dein Vorwurf trifft nur mich!

Gerlint.

An diese Undankbare schmiedest Du Dein Glück,
Daß es an ihrem Felsensinn zerschelle,
Ein strandend Wrack an ihres Hochmuth's Klippe,
Hinabgeschleudert von verrätherischer Welle. —
Unselig' Weib, daß je Dein Fuß dies Land betrat!

Hartmuth.

Die Erde birgt kein Glück mir ohne sie.

Gerlint (schnell).

Entschließe Dich sie heimzusenden!

Hartmuth.

Unmöglich Mutter, fordere mein Leben,
Nur Gudrun ford're nicht, denn mehr als Leben,

Mehr als das Licht der Augen ist sie mir.
Der Lenz vergeudet seiner Blüthen Duft umsonst,
Die Rose trägt nicht mehr der Rose Farbe,
Der Sterne Strahl ist fahl und ohne Glanz,
Die Sonne kündet nicht den jungen Tag,
Nur sie ist Lenz und Rose, Stern und Sonne,
Nur sie allein ist Urquell aller Wonne!

Bertha.

Bethörtes Herz! Was Dich so herrlich dünkt,
Das bietet schöner Dir daheim das ärmste Kind.
Doch willst und kannst Du sie nicht heimgeh'n heißen,
So bitt' ich, übergib sie eine Zeitlang meiner Pflege.
Versuchen will ich's, ihren starren Sinn zu wenden,
Und hoffe, was so schlimm begonnen, gut zu enden.
(Sie sinnt.)
Das Beste ist Du folgst dem Vater nach!
(Als Hartmuth eine verneinende Bewegung macht.)
Versteht sich — nur auf kurze Zeit — auch kann
Ein Bote Dich von hier zu jeder Stund' ereilen.
Trennung gar manchmal, glaube mir, verbindet,
Was allzunah, sich schlecht zusammenfindet,
Sobald ein Hauch der Hoffnung Deines Glückes Segel
Schwellt, bin ich die Erste, Dich zurückzurufen.

Hartmuth.

Ich gehe, um von Dir mein Leben zu empfangen,
Und füge mich, obwohl mit schwerem Bangen.

Achte Scene.

Ortrun. Vorige.

Ortrun.

O Mutter, Gudrun ist doch gar zu lieb und gut,
In der Gesindekammer sitzt sie bei den Mägden,
Und tröstet sie, vergessend eig'ner Thränen.

Gerlint.

So scheint sie ruhig und gefaßt?

Ortrun.

Sie hat für Jede ein besänft'gend Wort,
Und ist die Muthigste und Heiterste von Allen.

Gerlint.

Hat sie die Truhen schon geöffnet, Kind?
Die Stoffe und Juwelen ausgekramt,
Die sonst der Frauen Augenweide sind?

Ortrun.

So viel ich weiß, sah sie sie gar nicht an.
Gleich ihren Mägden angethan, sitzt unter ihnen sie,
Und richtet mit den zarten, weißen Händen,
Die Fäden her zum köstlichen Gespinnst.

Gerlint.

Seltsam fürwahr!

Hartmuth.

Willst, Ortrun, Du mein Bote sein zu ihr?
Sprich: Hartmuth bittet um ein Abschiedswort.

Ortrun.

Ei Bruder! Wie? Du willst schon wieder fort?

Hartmuth.

Ja, ja — ich muß — nicht lange doch —

Ortrun.

Das ew'ge Jagen!
Doch heute will ich thöricht Dich nicht plagen,
Ich weiß ja doch, nicht lange weilst Du fern,
Und tauschtest wohl am End mit Ortrun gern
Den Platz, ging es nur an —

Hartmuth.

Du loser Schelm!

Ortrun.

Ich eile Deine Botschaft Ihr zu sagen.
(ab.)

Gerlint.

Sohn, loben muß ich diesen Deinen tapferen Entschluß.
Zum Vater nun, schon lang entbehrt' ich seinen Gruß.
(ab.)

Neunte Scene.

Hergart. Rolph's Knappe.

Hergart.

Morgen, sagst Du?

Knappe.

Morgen auf dem Weg zur Mette
Hofft er Dich zu seh'n,
Dicht beim Chor, am vierten Pfeiler,
Wird er harrend steh'n.

Hergart.

Kommen werd' ich. —

(Knappe ab.)

Hergart.

Gemach! Gemach! Mein ungestümer Herr!
So kirrt man nicht ein Täubchen!
Ehestand ist Wehestand — so spricht das Volk,
Das alte, große Kind, das gold'ne Lehren
In unscheinbar Gewand der Wahrheit kleidet!
Ehestand ist Wehestand — so reden alle Zungen,

Die je des Räthsel's Sinn an sich erprobten,
Doch singen hört' ich nie, so viel ich weiß,
Ein Lied zu seines Glückes Ruhm und Preis.
   (Sie begleitet ihre Worte pantomimisch mit Geberden.)
Ach Gott! Wie würde mir das steh'n,
Sollt stets ich sein bedächt'gen Schrittes geh'n,
Nicht singen, hüpfen, tanzen, springen,
Nicht reisen wenn es mir beliebt — und nichts erzwingen!
Die Klügste unter Klugen sollt' ich scheinen,
Geberden mich, als hörte ich im Schlaf die Flöhe husten,
Säh' in stockfinst'rer Nacht wachsen das Gras?
Sollt' ich mit centnerschwer umsichtigen Gedanken
Beladen, ehrgebietend sorgenvoll durch's Leben wanken,
Mit Runzeln auf der Stirn' und sau'ren Mienen
Die Brille auf der Nas' mir zu verdienen?
Schon höre ich im Geist das närrische Geläute
Des mächt'gen Schlüsselbundes mir zur Seite,
Das klirrt und klappert wie ein Hampelmann.
Von früh bis spat zum leid'gen Fleiß ermahnen,
(Der selber mir verhaßt,) hier loben, schelten dort —
Und obendrein, daß Gott erbarm', noch sparsam sein!
Und ist das Alles endlich glücklich überstanden,
So wartet schließlich noch das Schlimmste mein.
Verdrießlich kehrt der Mann am Abend spät nach Hause:
„Lieb' Weibchen heißt's da hier, lieb' Weibchen dort,
Seif' mir die Haare ein, mein süßes Täubchen,

Rüst' mir das Bad, reich mir den Abendtrunk,
Bin müde, Kind, 's ist schlechtes Wetter draußen,
Das Klügste ist wir wollen schlafen geh'n."
(Sie schüttelt den Kopf, als wollte sie die Gedanken abschütteln.)
Schnurrpfeiferei'n! Wenn ich es recht bedenke,
So ist der Rolph der Mann nach meinem Sinn,
Und frag' ich mich recht ernsthaft, ob ich gut ihm bin,
So puspert's da im Herzen: Gut, sehr gut! —
Kopfhänger ist er just auch nie gewesen,
Und Grillen hab' ich meiner Leblag nicht gefangen,
Drum sind ein Paar wir ganz wie auserlesen,
Uns recht vergnügt durch's Leben hinzurollen.
Was thut's? Ist drum das Nestchen minder warm,
Weil drin zwei munt're Vögel singen?
Frau Schnecke wollen d'rum wir nicht beneiden
Weil sie so sorglich schleppt ihr eigen Haus,
Dieweil wir leicht befiedert hüpfen ein und aus.
An Laun' und Scherzen soll es uns nicht fehlen,
Und — bin ich erst sein Weib, und ist er erst mein Mann —
Versprech ich auch zum Zeitvertreib recht weiblich ihn zu
                                                         quälen.
(ab.)

Zehnte Scene.

Gudrun. Hartmuth.

Gudrun.

Du batest mich durch Ortrun um Gehör,
Sprich, was begehrest Du von Deiner Magd?

Hartmuth.

Ein Flehender steh' ich vor Dir, Gudrun,
Ein Bettler, den Dein Wort zum König macht,
Ein Büßender, den Liebe that in Acht,
Gib einen Wunsch als Stab ihm auf die Fahrt.

Gudrun.

So mög' des Waidmann's Glück Dir günstig sein!

Hartmuth.

Den Waidmann spielen ziemet schlecht dem Wunden!

Gudrun.

Im Spiel hat Mancher Heilung schon gefunden.

Hartmuth.

Der Sieche nicht, der nie hofft zu gesunden.

Gudrun.

Willst Du ein Wort, ein wahres denn vernehmen,
So hör' mich an, ich rede wie vor Gott:

Laß' ab, so grausam Dich und mich zu quälen,
Erkenne Dich, verkenne mich nicht mehr,
Vergessen mußt Du mich, weil hoffnungslos Dein Lieben.

Hartmuth.

So reicht ein schlimmer Arzt dem Kranken Gift,
Daß unfehlbar er sei des Todes Beute.

Gudrun.

Wenn er im Fieberwahn die Arzenei verschmäht,
Weil herbe sie, und nach dem Gifte greift.
Hartmuth! O hör' mich an, Dein Herz ist edel,
Folg' seiner Mahnung, noch ist's nicht zu spät,
Und sende mich und meine Frauen heim.

Hartmuth.

Entlaß' die Frauen, so es Dir gefällt!

Gudrun.

Nicht Eine ist, die ohne Gudrun schiede!

Hartmuth.

So ford're was Du willst, Du sollst gerecht mich finden,
Dies Eine ford're nicht, ich muß es weigern.

Gudrun.

O habe nur den Muth, es nicht zu weigern.

Hartmuth.

Der Weg zu Dir geht über meine Leiche,
Dem Lebenden entreißt Dich keine Macht.

Gudrun.

Du bist zu jung, um schon zu sterben,
Du hast am Labetrunk des Lebens nur genippt,
O stürze frevelnd nicht Dich in's Verderben!

Hartmuth.

Genug hab' ich gelebt — glücklich zu sein — zu lang!

Gudrun.

O raffe Dich empor zur freien That,
Gib mich den Meinen und mir selbst zurück,
Die schöne Welt, die jetzt verhüllet Deinem Blick,
Sie wird in niegeahnter Fülle Dir erstehen.

Hartmuth.

Das klingt wie Frühlings-Nachtigallensang im Herbst,
Wie Märlein aus der Kinderzeit dem Mann,
Wie Glockenklang ihm, der nicht beten kann.

Gudrun.

Nicht rufe der Vergeltung Racheftrahl
Hernieder auf Dein jugendliches Haupt!

Hartmuth.

Was mich bedroht, sind nicht des Todes Schauer,
Willkommen heiß ich ihn in meines Herzens Trauer,
Den Walter ew'ger Ruh'. — Macht mich zu kränken —
Gudrun, hast nur Du!

Gudrun

(bedeckt ihr Gesicht mit den Händen und wendet sich erschüttert von ihm ab).

Hartmuth.

Du weinst? Und weinst um mich?
O Engel, habe Dank für diese Deine Thräne!
Sie sinkt wie Himmelsthau auf meine Qual,
Sanft lindernd ihren Brand. — Ich scheide nun
Versöhnt. — Du hast um mich geweint! —
Ich gehe, stumm in Waldesnacht zu bergen
Dies wilde Weh, und nimmermehr zu kehren,
Ruft nicht Dein Wink, Dein Wunsch mich nicht zurück!
(Er stürzt hinaus.)

Gudrun

(sinkt von Schmerz überwältigt in die Kniee).

Ist meines Jammers Tiefe nicht erreicht?
Ist nicht genug des Leid's gehäuft auf meine Schultern?
Die Schmerzenswogen schlagen über mir zusammen,
Und nirgends, ach, berg' ich mein schutzlos Haupt!

Elfte Scene.

(Ortrun in der Gesindekammer unter den Mägden mit Spindeln.)

Ortrun (an Gudruns Stickrahmen).

Hier will ich harren, bis die Schwester kommt,
An Gudrun's Rahmen will ich heimlich wirken,
Die Arbeit fördern, wie ich es vermag.
Sie säumet lang, der Bruder hat wohl viel
Und Wichtiges mit ihr zu reden.

Hiltburg.

Rüstig ihr Mädchen, rühret die fleißigen Hände,
Arbeit verscheuchet die Sorgen allein,
Und daß sich hurt'ger das Fädchen wende,
Stimmt laut in unf're Lieder ein.

Eine der Frauen:

Früh wenn ich am Rocken sitze,
Und die Fäden spinne,
Muß ich dein gedenken,
Land der treuen Minne.
Du Land der frommen Sitte,
Mein deutsches Heimathland,
Wo in der Schwestern Mitte
Der Jungfrau Wiege stand.

Gedenk' ich dein, so rinnen
Die Thränen mir herab, —
Die Hand hört auf zu spinnen,
Sinkt in den Schooß hinab.

Alle.

Gedenk ich dein, so rinnen
Die Thränen mir herab,
Die Hand hört auf zu spinnen,
Sinkt in den Schooß hinab.

Hiltburg.

Rauh ist des Fremden harte Hand,
Kalt ist des Fremden kurzer Gruß,
Hart ist das Brod, das karg er reicht,
Salzig der Trunk, den er beut.
Ob Leid, ob Lust mein Herz bewegt,
Ihn kümmert's nicht, wie's drinnen schlägt.
Allein bin ich mit meinem Weh,
Wo ich geh' und steh',
Gedenk ich dein, mein Heimathland!

Alle.

Allein bin ich mit meinem Weh,
Wo ich geh' und steh',
Gedenk ich dein, mein Heimathland.

Ortrun.

Gar traurig will der Sang mir scheinen,
So oft ich's höre, muß ich weinen.
Da kommt Gudrun, daß meine Thränen sie nicht sehe,
Ist's besser wohl, ich meid' ein Weilchen ihre Nähe.
(Ortrun ab.)

Zwölfte Scene.

(Gudrun ist eingetreten und setzt sich zu den Andern an den Rahmen.)

Gudrun.

Erschlafft mit Klagen nicht das allzu weiche Herz,
Ihm wäre besser, — fühllos sein wie Erz.

Einige der Frauen.

So hilf uns Du, Gudrun! Mit Deinem Heldensinn
Fach' uns das Fünklein Muth zur Flamme an!

Gudrun (nach einigem Sinnen).

Auf hohem Felsen nistet der Aar,
Hebt er die Flügel, so rauschen die Lüfte,
Die Höhen erzittern, es zittern die Grüfte,
Es beben die Herzen der Männer!
In seinen Krallen schwingt er das Schwert,
Das Schwert der flammenden Rache!

Dann wanken die Mauern, die Burgen vergeh'n,
Mit blutigem Saum wird die Sonne aufsteh'n,
Am Tage der flammenden Rache!

Alle.

Mit blutigem Saum wird die Sonne aufsteh'n,
Am Tage der flammenden Rache!

Gudrun.

Was säumst du Aar? Was zaudert der Freund,
Heimzuholen die Taube, die weiße?
Traf ihn der löbliche Pfeil? Sank er entseelt,
Den Geist aushauchend auf blutigem Wal?
Falke! So schwinge Dich her durch die Lüfte!
Weh! Schwach ist die Spannkraft seiner Schwingen,
Im Spiele nur träumt er von Thaten und Ruhm.
Weh Dir, Taube, noch ward nicht flügge der Falke,
Noch harrt in Thränen sein die weiße Taube!

Alle.

Weh dir, Taube, noch ward nicht flügge der Falke,
Noch harrt in Thränen sein die weiße Taube!

Gudrun.

Hebe dich, Seele, in Leiden Gehärtete!
Himmelan hebe den irdischen Flug!
Der Möve gleich, auf bebenden Wassern,
Schwebet die Hoffnung mit silbernen Schwingen,

Hoch über'm Bangen der Menschenbrust!
Ihm, der in Eisenbanden schmachtet,
Trägt sie als Schwalbe des Lenzes Kunde,
Oeffnet im Traum ihm die Kerkerthür'; —
Ihm, den Verzweiflungswahn umnachtet,
Trägt sie als Reiher, süßen Vergessens
Sinnberauschenden Schlummer zu,
Daß er genese am Balsam der Ruh'! —
Hebe dich Seele, in Leiden Gehärtete,
Himmelan hebe den irdischen Flug!
Der Möve gleich, auf bebenden Wassern,
Schwebet die Hoffnung mit silbernen Schwingen
Hoch über'm Bangen der Menschenbrust!

(Gerlint ist im Hintergrunde eingetreten und betrachtet mit unverhohlenem Hasse die von edler Begeisterung strahlende Gudrun.)

Gerlint (für sich.)

Ha! Wie sie Demuth heuchelnd fleht, die Stolze!
Verhaßt ist mir das Weib mit seinem Trotz,
Mit seinem kalten, dünkelhaften Blick.
Wart', deinem Hochmuth will ich Fallen stellen,
Daraus er nur gesenkten Haupt's sich hebt;
An deine Fersen will ich Elend ketten,
Daß schaudernd du vor solchem Abgrund bebst,
Und Hülfe dir von meinem Arm erflehst!
So will ich in den Staub dich treten, daß erhöht zu sein

Durch mich, dich dünkt ein neidenswerthes,
Unverdientes Glück.

(laut)

Was soll das heißen, Gudrun?
Find' ich Dich hier in nied'rer Sklaventracht?

Gudrun.

Nichts weiter, Königin,
Als daß ich hier an meinem Platze bin.

Gerlint.

Ist das der Brauch in dem Barbarenlande,
So wisse, daß es nicht der Brauch bei uns;
Traun, schämen müßte Deiner Hartmuth sich,
Säh' er Dich so unköniglich geartet. —

Gudrun.

Nicht schäme sich der Herr der niedern Magd,
Die Demuth zieret mehr, denn Stolz sie ehrt.

Gerlint.

So? Magd also? Das ist es, was Du willst?
Wohlan! So sei denn Magd, da Du so täuschend
Sie verstehst zu spielen! Reut Dich's zu ruh'n
Auf weichen Seidenkissen, so prüfe wie auf
Harter Bank sich's schläft. Mit Sonnenaufgang
Sollst Du Dich erheben, die Letzte sein zur Ruh,

Am Brunnen sollst Du mir das Wasser holen,
Die Kammer heizen mir, der Königin. —
Bedienen sollst Du mich, auf kalter Diele
Sollst spät und früh Du meines Winkes harren,
Mit bloßen Füßen waten durch den Schnee,
In Sturm und Wetter mir am Flusse steh'n
Und Linnen waschen; kehrst Du endlich heim,
So soll kein Feuer die erstarrten Glieder
Wärmen, kein Mahl die matten Kräfte laben,
Kurz sei die Rast Dir, karg das Mahl gemessen;
Auf unerhörte Marter will ich für Dich sinnen,
Ausdenken Tag und Nacht, wie ich Dich plagen kann;
Im Schlafe sollst Du schaudernd meine Stimme hören,
Durch Deinen Traum will als Gespenst ich geh'n,
Im Wachen sollst vor meinem Zorn Du zittern,
Wie Espenlaub beim rauhen Gruß des Nords.

Hiltburg.

O halte ein! Hall ein! Die Herrin ist zu zart,
Des Dienens ungewohnt, wärst traun Du schlecht
Berathen: drum wähle mich, ich bin von stärk'rer Art.

Gudrun.

Nicht doch! O glaub' ihr nicht! Versuch's mit mir,
Gern thu' ich was Du mir befiehlst, und schellen
Sollst Du mich, wirst lässig Du mich finden.

Alle Frauen.

Barmherzigkeit! Nehmt uns für sie! Nehmt mich!

Gerlint
(die Andern mit Verachtung zurückweisend).

Hinweg! Wer redet hier mit Eures Gleichen?
(zu Gudrun).

So soll in Schmach und Niedrigkeit die Welt Dich seh'n!
Zertreten will ich Dich, wie einen Wurm,
Und meinen Fuß auf Deinen Nacken setzen,
Bis Du Dein Schlangenhaupt nicht gegen mich
Mehr hebst; bis ich den Stolz Dir aus der Brust
Gerissen, bis Du mir nah'st mit demuthsvollem
Flehn, bis Du Dich uns'res großen Sohnes Werbung
Entgegenkommend fügst, wie's frommem Weibe ziemet,
Bis Du Dich bräutlich schmückst mit Kranz und Hochzeits-
kleid:
„Bis Du willst Freude haben — sollst Du haben Leid."

(Der Vorhang fällt.)

Ende des dritten Aktes.

Vierter Akt.

Erste Scene.

(Fluß in der Normandie. |Seine.| Winterlandschaft. Auf Bäumen, Sträuchern und Wiesen lagert Schnee. In der Ferne erblickt man, amphitheatralisch aufsteigend, die Königsburg, im Hintergrunde das Meer. Gudrun und Hiltburg waschen am Gestade mit bloßen Füßen. Sie tragen lange, weiß leinene Gewande, dunkel umsäumt, eiserne Reife umgürten Haupt, Leib und Arme. Ihr Haar flattert unge-
zöpft im Winde.)

Hiltburg.

Es heult der Wind dem Wehrwolf gleich,
Als wollt' er zerstören der Sonne Reich,
Als wollt' er die Erde verschlingen.
Weh', süße Maid, wie schaust Du bleich,
Die Arbeit, sie will nicht gelingen,
Ob Deinem Anblick so jammerreich,
Will das Herz mir im Busen zerspringen.

Gudrun.

Gedenke, Du Traute, der eigenen Noth,
Dann dünket Dich fremde geringer.

Hiltburg.

Du zitterst? Du wankst?

Gudrun.

'S ist nichts!
S'ist nichts! — Laß ruhen mich ein Weilchen!

Hiltburg.

Nimmermehr!
Denn ach, der Schlummer der Dich beschleicht,
Hier ist er Gesandter des Todes.

Gudrun.

Die Kniee versagen mir den Dienst.

Hiltburg.

O raffe Dich auf! Stütz' Dich auf mich,
Das Meiste, siehst Du, schon ist's gethan,
Und bei des Mondes sanftem Nah'n,
Ist das müh'volle Werk beendet.

Gudrun.

Wie gern Deinem Wunsche willfahrte ich!

Hiltburg.

Laß singen uns, das hält uns wach!

Gudrun.
Der Hauch erstirbt mir am Munde.

Hiltburg.
Sieh'st über'm Wasser Du der Schwäne Zug?

Gudrun (seufzend).
Zum Meere heimwärts wenden sie den Flug!

Hiltburg.
Nein, nein — sie kehren — kreisen uns zu Häupten!

Gudrun.
Ihr schwarzen Schwäne, Ihr Nordland's Boten,
Durch Wogen der Lüfte fernher geschwommen,
Seid mir gegrüßt! O seid mir willkommen!
Am Ufer wir jammernd die Hände ringen,
O laßt Euch den schönen Nacken umschlingen,
Zur Heimath, zum Freunde sollt ihr uns tragen,
Von unserer Noth ihm und Liebe zu sagen,
Und wollt' Ihr der Elenden nicht Euch erbarmen,
So eilet und bringt ihm die Grüße der Armen!
O allzurascher Wunsch! Wie Pfeile losgeschnellt
Vom straffen Bogen sausend sie entflieh'n.
Ihr Grausamen! Könnt' ohne uns ihr zieh'n?

Hiltburg.
Doch günstig dürfen wir ihr Kommen deuten.

Gudrun.

In meiner Brust hat Hoffen nicht mehr Raum.

Hiltburg.

Komm' laß' uns fleißig sein — hurtig und flink! —
(Sie waschen.)
Hilf tragen mir, schnell faß' das Ende —

Gudrun.

Erstarrt von Frost sind mir die Hände.

Hiltburg.

Den Zipfel jetzt, komm' mach' behende.

Gudrun.

Es ist umsonst — ich kann nicht widersteh'n,
Die Lider bleischwer sich zur Erde senken,
Und Nacht umhüllt mein Fühlen und mein Denken.
(Sie sinkt ermattet auf die Kniee.)

Hiltburg.

Kam es dahin? Weh, weh uns Armen!
Allew'ger, wo blieb Dein Erbarmen?

Gudrun.

O diese Ruhe, wär's der Tod! —

Hiltburg.

Grausame! Willst auch Du mein Leiden mehren?

Gudrun

(ihr Haupt an Hillburg's Brust lehnend).

O könntest Du die süßen Klänge hören,
Die schon mein Ohr der Erdenpein entrückt,
Aus ew'gen Harmonien schöpft entzückt.

Hillburg.

So bette denn in Deiner Freundin Schooß
Das liebe Antlitz, und erwarte still Dein Loos.

Gudrun.

Hab' Dank, Du hülfreich milder Engel, Du!
O wunderbar erquickt mich diese Ruh!
Mir ist, ich wäre in der Heimat wieder,
Und wieder sängen wir die alten Lieder,
Und wären Kinder, frisch und jugendfroh.
Die Mutter seh' ich, wie mit stillem Walten,
Sie sorget jede Trübung fern zu halten
Vom Kinderherzen, ganz nur lustbeschwert.
Und wieder wandl' ich unter Blumenbeeten,
D'rin jeder Kelch mir haucht bekannten Gruß,
Nein, wandle nicht, berauscht von Farb' und Duft,
Schweb' ich, ein leichtbeschwingter Schmetterling,
Mit Purpurflügeln durch die linde Luft,
Und in mein Herz, das lange mußte darben,
Die Sonne senkt die gold'nen Feuergarben!

Hiltburg.

Die Zähre selbst, dem Schmerz entquollen heiß,
Erstarret auf der Wange mir zu Eis.
(Die Hände ringend.)
Gott schütze Dich: zu End' ist meine Kunst!

Gudrun.

Die Glocken läuten, komm' laß' uns zur Mette,
Mit Inbrunst will ich zu dem Höchsten fleh'n,
Daß Er uns laß' kein Leid's gescheh'n.
Horch! Horch! Das ist des Bruders Stimme,
So froh und hell klingt's nur aus Ortwin's Brust!
Wie lange doch hab' ich sie nicht gehört!
Und sieh' — ganz nah' — ganz nahe ihm zur Seite —
Das ist der heißgeliebte, bangersehnte Mann!
Kennst Du ihn wohl? Das Schwert ruht in der Scheide,
Es ist die Scheide, die ich mit den Händen fing.
Ach! Damals trugen sie der Götter gold'ne Gabe,
Der Kindheit frohen Traum, auf immer mir zu Grabe.
Wo trugen sie ihn hin? Dorthin sollt ihr mich betten,
Kann mich der Ring am Finger doch nicht retten!
(Sie versinkt in todtesähnlichen Schlaf.)

Hiltburg.

Wohl ist die Welt mit Jammersel'gen angefüllt,
Doch nie beklagenswerth're Kinder sah die Sonne,
Seit ihren Siegeslauf am Himmel sie begann!

Mir tritt der Frost bis an das Herz hinan.
Eiskalter Schauder schüttelt mir durch's Mark,
Und ach, des Odem's Hauch, womit ich Dich erwärmte,
Ist kalt, eh' er die Lippe überschritt. —
Soll ich den Tod ihr gönnen? Sterben seh'n in diesen
                                                      Armen
Das liebste Herz? Nein, nein! Ich kann es nicht!
Verdoppelt fühl' ich meine Kräfte wieder,
Bei dem Gedanken, trüber als der Tod!
Für Beide schaff' ich, trage Dich in meinen Armen,
Zur Königsburg, vielleicht daß unser Jammer
Zum Himmel schreit, und der Hyäne Herz,
Wenn sie eins hat, die Pein'gerin, erweicht.
Mir ist, als spräch' im Innern plötzlich eine Stimme,
Worte des Trostes, lang entwöhnter Laut:
Verlassen nie ist, wer auf Gott vertraut!
(Sie bereitet von Gertrut's Linnen ein Kopfkissen, und bettet das
      Haupt der Schlummernden darauf.)
Denn wo die Noth der Armen stieg am Höchsten,
Da ist des Himmels Hülfe auch am Nächsten.
              (Sie wäscht.)

Zweite Scene.

(Herwig und Ortwin kommen auf einem Kahn den Fluß herauf gefahren.)

Herwig.

Dort das Gebüsch birgt uns're Barke,
Hier steigen wir an's Land.

Ortwin.

   Ein öd', ein traurig Land!

Herwig.

Traurig fürwahr, im weißen Leichenkleide
Liegt's ausgebreitet, einem Friedhof ähnlicher
Als froher Menschen Wohnsitz; dumpf Gekrächz
Der Raben und der Dohlen füllt die Luft,
Als wollen unheilkündend sie den Wandrer scheuchen,
Der hülfeflehend sich der unwirthlichen Küste naht,
Daß rückwärts er zur Heimath wende seinen Pfad.
Und dennoch zieht's mit übermächt'gem Sehnen
Zum Strande mich, und etwas wie von Freude,
Wenn recht ich deute sie, die Himmelsahnung,
Die längst ein Fremdling ward in meiner Brust —
Durchzuckt mich, daß ich bang und staunend stehe,
Und vor dem ungewohnten hohen Gast erbebe,
Nicht wissend, wie ich würdig ihn beherberg'.

Ortwin.
Sah'st Du die Schwäne, Freund?

Herwig.
Ich sah sie kreisen,
Lang und geräuschvoll, über jenem Ufer hin.

Ortwin.
Ich will ein wenig in der Nähe spähen.
(Sie befestigen den Kahn und steigen ans Land.)

Herwig.
Im weiten Umkreis ist kein Mensch zu sehen.

Ortwin
(entfernt sich).

Herwig
(setzt sich auf einen Baumstumpf, leise vor sich hinsinnend).
Wie bist Du, armes Menschenherz,
So bald der Freude baar,
Als sei das Glück wie Sonnenschein,
So leicht und wandelbar.
Und zog aus Dir der Sonnenschein,
Flugs zieht die Nacht hinein,
Dann ist's so eng und dunkel drin,
Als wie im Todtenschrein.
Dein eigen Hämmern hörst du wohl
Zu Deiner eig'nen Pein, —

Du wirst so klein, daß bang du bebst
Selbst vor dem Sonnenschein.

Ortwin
(kommt zurück).

Ich sehe Weißes dort im Sande blinken.

Herwig (aufmerksam).

Weiber sind es.

Ortwin.
Wäscherinnen.

Herwig.
Ha! das trifft sich gut!
Sie werden arglos uns die Wahrheit sagen,
Wir wollen sie nach Land und Leuten fragen.

(Sie gehen auf Hillburg zu.)

Ortwin.

Elend und arm will mich die Maid bedünken,
Mit bloßen Füßen wäscht sie auf dem Schnee.

Hillburg
(die Männer bemerkend).

Um Gott! Zwei Männer? Wie? Was führt sie her?
Zu dieser Dämmerstunde? Fliehen möcht' ich,
In die Erde sinken vor Scham, daß sie so tief
Erniedrigt sehen, uns, die Königskinder,
Denn edel, traun, ist dieser Männer Art.

Ortwin.

Wollt Ihr uns, gute Frau, wohl freundlich sagen
Wem Land und Burg, und Leute unterthan?

Hiltburg.

Dies Land und jene Burg unfern dem Meere,
Ist König Ludwig's und des Fürsten Hartmuth's Eigen,
Mit Namen nennen sie's die Normandie.

Herwig (für sich).

So wären ganz wir an dem rechten Orte.

Ortwin (für sich).

Dank Euch, Ihr Schwäne, mit dem Rabenfittig!
(laut zu Hiltburg:)
Habt keine Furcht, Ihr seht, wir sind ja Fremde,
Des Landes und des Weges gleich unkundig.
Doch, seh' ich recht, so zittert Ihr vor Kälte:
Nehmt meinen Mantel, arme Frau,
Und hüllt darein die halb erstarrten Glieder.

Herwig.

Ja, nehmt den Mein'gen auch, ich bitt' Euch d'rum,
Und deckt damit das schwache, sieche Weib,
Das elend liegt am Boden hingekauert.

Hiltburg.

Den Willen lohn' Euch Gott! Die Gabe schön und mild,
Nicht dürfen wir, die armen Kinde sie empfah'n!

Gefang'ne sind wir, einer bösen Kön'gin unterthan,
Und würde sie Euch bei uns stehen seh'n,
Um Euer und um unser Leben wär's gescheh'n.

Ortwin.

Besorget nichts, wir werden schleunig wieder geh'n.

Herwig.

Nur Eines saget an: Habt Kunde ihr vernommen,
Von einer nord'schen Königin, die als Gefang'ne
Vor Jahren ist in dieses Land gekommen?

Hiltburg.

Wohl haben wir, sind wir doch selber damals,
(Zwar im Gefolge nur) mit ihr hieher gezogen.

Ortwin (zu Herwig).

Ich dacht' es gleich, dies Antlitz sah ich schon.

Hiltburg (bei Seite).

Fast möcht' ich wähnen, daß uns Retter nahen!

Herwig.

Könnt weitere Kund' ihr geben von der Kön'gin Schicksal?

Hiltburg (für sich).

Prüfen will ich sie — —

(Laut)

Ach! Daß ich's nicht vermöchte!
Vor Jammer brach ihr Herz, sie ist in Leid gestorben.

Herwig (außer sich).

Was sagst Du? Gudrun? Meine Gudrun todt?

Ortwin.

Die Schwester todt?

Hiltburg.

Die Schwester sagt ihr?

Herwig.

Weib! Fühlst Du wohl was Deine Zunge spricht?
Fühlt Du, daß tödtlich sie wie gift'ge Nattern sticht?
Weißt Du, daß Deine Worte Dolche sind
Für meine Brust? Hast Du den Muth, den grausen,
Es einmal noch, noch einmal auszusprechen,
Daß Gudrun todt — daß todt mein süßes Leben?
Zermalme mich, nein, sieh in's Auge mir,
Der Blick des Basilisken trifft so tödtlich nicht,
Als dieses Wort, das Du gelassen sprichst,
Daß Gudrun — Gudrun — meine Gudrun todt!
(Er stürzt von Schmerz überwältigt zu Boden, aber so, daß er dicht vor die schlummernde Gudrun hinsinkt.)

Hiltburg.

Wie? Thränen brechen aus der Männer Augen?
Nein, Thränen lügen nicht, so darf ich's glauben
Was meine Augen seh'n, was mir des Herzens Schlag
Bejahend kündet?

(Zu Ortwin.)

Wäret Ihr Ortwin?

Ortwin.

So ist mein Name.

Hiltburg.

Und Jener? — O! kein Zweifel!
So warmen Antheil an der Königstochter nimmt
Nur wer von Gott zum Retter ihr bestimmt!

Ortwin.

Sprich! Ist sie todt?

Hiltburg.

Gelobt sei Jesus Christ!
Sie lebt!

(Auf Herwig deutend.)

Sie lebt! — am Ziel er ist!

Ortwin.

O Schwester! Länger halt' ich mich nicht mehr,
Ich muß Dich küssen, an mein Herz Dich pressen,
Die Langentbehrte, Schwervermißte, grüßen!

Hiltburg.

Gemach! Gemach! Du rasches, junges Blut!
Noch kurze Zeit bezähme Deinen Muth.

Aus der Verzweiflung dunkeln Schmerzensgrüften
Zum Gipfel höchster Lust, ist allzujäh der Sprung.
Gedulde Dich, laß walten Lieb' allein,
Zu viel der Wonne könnte tödtlich sein.

Ortwin.

Du riethest recht; nun Bruderherz sei still,
Es kommt die Reih' an Dich, so Gott es will.

Hiltburg
(zieht ihn bei Seite).

Von Frauen Hilde und der Heimat sollt Ihr mir erzählen.

Ortwin.

Ist das nicht Hillburg's Stimme?

Hiltburg.

        Eben diese.

(Beide ab.)

Dritte Scene.

Herwig. Gudrun.

Herwig
(schlägt aus dumpfem Schmerzgefühl erwachend die Augen auf;
sein Blick fällt auf den Ring an Gudrun's Hand).

Du lügst! Du lügst! Nicht trügen mich die Sinne,
Am Finger dieses Weibes blinkt der Ring
Womit am Tage höchsten Glücks ich die Geliebte krönte.
An dieser bleichen, abgehärmten Hand
Muß ich ihn finden, ew'ger Treue Unterpfand!
O Gudrun! Gudrun Du? Geliebte! Oh! —
Laß mich sie küssen, diese süße, kleine Hand,
Mit tausend heißen Thränen sie benetzen!

Gudrun
(leise flüsternd wie im Traume).

Den Ring? Was hat Dir denn der kleine Ring gethan?
Ich trug ihn einst, am schönsten Tage meines Lebens,
Ich will Dir Alles was ich habe dafür geben,
Den Ring nur laß mir, daran hängt mein Leben.
(Sie wischt seine Thränen vom Ringe ab.)
Nur weinen mußt Du nicht, wenn Du mich liebst,
Denn mit den Thränen Du des Ringleins Glanz mir
trübst,
Und sieh, es war so immer meine Herzensfreude,

So meine stille, stolze Augenweide,
Wenn dieser Reif, inmitten herbstem Leide,
So licht und hell am Finger mir gefunkelt,
Der Liebe gleich, die keine Nacht verdunkelt.

Herwig.

O Gudrun! Süßes Weib! Erkenne mich!

Gudrun
(sich halb aufrichtend).

Dich kennen? O, wie sollt' ich Dich nicht kennen,
Da ich doch immer, immer bei Dir war!
Willst Du, daß ich mit Namen soll Dich nennen?

Herwig.

Ja, nenne mich, den Namen nenne mir,
Den diese Lippen lieben mich gelehrt!

Gudrun.

O schweig'! (sie schaut sich ängstlich um) Sie könnten's hören,
Und schadenfroh uns unf're Freude stören!

Herwig.

Dein Freund, Dein Schirm und Retter bin nun ich,
Sie haben keine Macht mehr über Dich!

Gudrun.

Du sagst es, groß und herrlich ist der Glaube!

Herwig.

Von meiner Seite kann Dich nichts mehr rauben,
Der Aar ist da, zu holen seine weiße Taube.

Gudrun.

Ich schlief die lange, bange Nacht,
Und kann's nicht glauben, ich sei erwacht,
Mir träumte, ich sei gestorben,
Und mein Herz wär' kalt und todt,
So manchen lichten Morgen,
So manches Abendroth.

Herwig.

Nun aber lebst Du, lebest mir zur Wonne,
Mein Abendroth und meine Sonne!

Gudrun.

O sachte nur, Freund, mein Aug' ist schwer,
Es sah ja so lange nichts Liebes mehr,
Komm' näher, daß ich Dich recht betrachte,
Du weißt nicht, wie ganz nur ich Dein gedachte.

Herwig.

An meine Brust sollst Du Dich schmiegen,
An meinem Herzen sollst Du ruh'n,
Von den Augen will ich die Schwere Dir küssen —

Gudrun.

Sie haben gar so viel weinen müssen!

Herwig.

Nun aber sollen sie weinen nicht mehr!
Sieh', küssend zerreiß' ich den Thränenflor,
Daß frei sie schauen zur Sonne empor!
Am Freundesherzen nun sollst Du genesen,
Erkennen der Liebe ureigenstes Wesen.

Gudrun.

Nur langsam, Dir folg' ich — noch faß' ich es nicht,
Mein armes Herze vor Wonne mir bricht!
(Ein heftiger Thränenstrom macht ihrem gepreßten Herzen Luft.)

Herwig.

O weine nicht, denn dieser heil'gen Tropfen
Glühend heißer Strahl will mir die Brust versengen!

Gudrun.

Ja, laß mich weinen, denn mit diesen Thränen
Wälzt sich des Leidens dumpfe Last vom Busen mir;
Ich athme freier, und mir wird so licht und leicht,
Als sollt' ich mich von dieser Erde heben,
Ein Wölklein in dem Glanz der Abendsonne schweben!
Der Schleier sinkt, die Nacht vom Auge weicht,
Das ahnungsvoll geschaute Ungeahnte ist erreicht;
Süßschauernd fühle ich mein tiefstes Sein erbeben,
Und jauchzend grüß ich Dich, mein Licht und Leben!
(Sie sinkt entzückt an sein Herz.)

Herwig.

So bist Du ganz mir nun zurückgegeben!
Gesegnet sei'n die Perlen aus den lieben Augen,
Die so mit Wonne uns're Herzen überthauen,
Als weinten Sterne sie herab aus Himmelsauen!
(Ortwin und Hiltburg kommen zurück.)

Vierte Scene.

Ortwin. Hiltburg. Vorige.

Ortwin.

Nun fahre zu den Winden, Trödlerin Geduld!
O Schwester, theure Schwester!

Gudrun.

Glück ohne Maaß!
Mein Ortwin! Lieber Bruder!

Ortwin.

So lebst Du?

Gudrun.

Faß' ich Dich?

Ortwin.

Du bist's! Verändert und doch ganz Du selbst!

Gudrun.
Wie bist Du groß und kühn und schön geworden!
Ein Heldenbild vom Wirbel bis zur Zehe.

Ortwin.
Mir schwillt der Muth in Deiner lieben Nähe!
(Er küßt sie.)

Gudrun.
Geliebter Knabe! Deines Landes und der Deinen Stolz!

Ortwin.
Ei Schwester! Hast vergessen Du der Klugheit Lehren?
Willst Du des Knaben Herz mit Lob bethören?

Gudrun.
Nur diesmal möge Klugheit mir verzeih'n,
Versprech ich, mich in Zukunft zu belehren.
(Zu Hiltburg.)
O Freundin! Du! Genossin meiner Leiden!
Hilf tragen nun das Uebermaaß der Freuden!

Hiltburg.
Leicht trägt von Wonne eine Welt das Herz.

Gudrun.
Du aber halfst ihm tragen seinen Schmerz.

Hiltburg.
O laß das jetzt, wir sprechen wohl in späten Jahren
Daheim von überstand'nen Leiden und Gefahren.

Herwig (zu Hiltburg).

Empfangt auch meinen Gruß, viel edle Dulderin!
(Sie reichen sich die Hände.)

Gudrun (zu Ortwin).

Bringst gute Märe von der Mutter Du?

Ortwin.

Frau Hilde harret Dein bei Tag und Nacht,
Nur selten labt der Schlaf die müden Lider,
Denn seit Du fern hat nie ihr Mund gelacht.
Nothdürft'ge Speise nur, würzloser, karger Trank
Berührt die Lippen ihr, stumm sitzt sie, ohne Dank,
Und theilnahmlos, gesund nicht, doch nicht krank.
An einem Faden hängt ihr alternd Leben,
Ein einzig Hoffen füllt ihr ganzes Streben,
So auf der Zinne sitzt sie, spähend nach dem Meere,
Ob nicht ihr Kind, das heißersehnte, kehre!

Gudrun.

O Mutterliebe! Wie daran ich Dich erkenne!

Ortwin.

Sie maß mich täglich mit den stummen Blicken,
Ob ich genug erstarkt im Spiel der Waffen,
Zur Heerfahrt mit den Helden mich zu schicken.
Als wir gerüstet standen, und ihr Aug' zufrieden

Weilte auf den Kielen, lustig flatterten im Hafen
Die bunten Wimpel, und die weißen Segel
Sich in der Sonne blähten, aufgebauscht vom Winde —
Da flog die Freude taubengleich auf ihre Lippen,
Und sanft sie öffnend wie zum Abschiedskusse,
Erhob sie segnend ihre Hände mir zum Gruße
Und sprach: Mein Sohn, zieh' hin zu meinem Kinde!

Gudrun.

O Mutterliebe! Mutterleiden! Wer ermißt dich ganz!

Ortwin.

Die stolzen Kiele ließen unfern wir auf off'ner See,
Auf leichtem Kahn als Kundschafter wir kamen
Den Fluß hinauf, und fanden was wir suchten.
Viel edle Kämpen harren uns'rer bei den Schiffen,
Wate der Alte, Horant, Hort und Hüter meiner Jugend,
Und mancher And're noch aus bessern Tagen Dir bekannt.
Die Helden knirschend in die Eisen beißen
Vor Ungeduld sich Deinem Dienst zu weih'n,
Aus schnöder Knechtschaft Haft die Kön'gin zu befrei'n.

Gudrun.

Wie schlägt mein Herz den Helden froh entgegen!

Herwig.

Ich selbst befreie Dich, in diesen meinen Armen
Trag' ich Dich fort.

Ortwin.

Nein, nein — so war es nicht gemeint!
Zu rauben nicht, zu rächen kamen wir, o Freund!

Gudrun.

Wie? Ohne die Gefährten soll' ich gehn? Sie,
Die im Leid mir treu, soll' ich im Glück verlassen?
Wie müßte ich ob solchem Thun mich hassen!

Herwig.

Von meinem Herzen laß ich Dich nicht mehr!
Die Barke dort bringt uns in Sicherheit.

Ortwin.

Wie? Kleinmuth kann den Kühnen überkommen?
Heimlich wie Diebe führten wir bei Nacht
Die Beute heim, die einst der schlaue Feind
Ruchlos, doch ruhmvoll uns am hellen Tag geraubt?
So führtest Du zur Schmach die Hegelingen her?
O Bruder! Freund! Ich kenne Dich nicht mehr!
(Zu Gudrun.)
Sprich, ist's genug, daß Deine Ketten wir zerbrechen?
Heischt nicht die Pflicht, des Vaters Haupt uns rächen?

Gudrun
(bedeckt ihr Gesicht mit beiden Händen).

Selbstsüchtig Herz! Den Vater konntest du vergessen!

Ortwin.

Wie würden vor der theuren Mutter wir besteh'n,
Ließen das Werk zur Hälft' wir unvollendet?

Gudrun.

Du mahnest recht: wohl denn, es sei geendet!

Herwig (zu Ortwin).

Du weißt nicht — ahnst nicht — kannst es nicht ermessen!

Ortwin.

Die kurze Spanne Zeit!

Herwig.

      Der Sehnsucht, Ewigkeit!

Gudrun.

Und dennoch — es muß sein — folg' ihm, Geliebter!

Herwig.

Ein Trunk'ner taumelt vor den Sinnen mir die Welt,
Mir ist, als hielt ich all' ihr Sehnen und Verlangen,
Mit diesen meinen Armen hier umfangen,
Und ließ' ich sie, hinstürzte sie zerschellt!

Gudrun.

O bitt'res Scheiden!

Ortwin.

O thöricht Zaudern!
Zu viel der Zeit verlieren wir mit Plaudern.
Wie? Wenn die Feinde hier uns überfallen?

Herwig.

So sänk' verblutend ich zu ihren Füßen,
Mein brechend Auge ruhte auf den theu'ren Zügen,
Und Liebe würd' des Todes Bitterkeit besiegen.

Ortwin.

So werd' ich, Schwärmer, für Dich handeln müssen!
(Er zieht ihn gewaltsam fort, Gudrun reißt sich von Herwig los.)

Herwig.

Noch einmal soll ich mich auf's Meer des Zufall's wagen,
Mein junges Glück an seinen Klippen zu zerschlagen?

Hildburg.

Das Glück ist Euch gewogen, bleibt Ihr diesmal fest,
Der Burg Besatzung ist nur schwach, die Fürsten
Zusammt den Edelsten und Besten weilen fern;
Leicht mögt im Schlafe Ihr die Wache überrumpeln,
Und leicht erklimmen wohl die schlecht beschirmten Wälle.

Herwig
(im bittersten Unmuth sein Haupt verhüllend).

O brecht hervor! Nicht schäm' ich mich der Thränen
Aus Mannesbrust, seit sie ermaß die Himmelshöh'n der Lust.

Ortwin

(zieht den Zaubernden mit Gewalt fort, hat unterdessen den Kahn
losgemacht und stößt vom Ufer ab).

(Für sich.)

O Minne, trugvoll arge Zauberin,
Berückst Du so des hehrsten Helden Sinn,
So acht' fürwahr ich Deine Gunst als Ungewinn.

(Laut zu Gudrun.)

Sei tapfer, Gudrun, denn des frühen Morgens Strahl,
Löscht auf der Stirne Dir der Knechtschaft Mal,
Und tilgt mit Siegesjubel dieses Scheidens Qual.
Wir lehren, Schwester, hoch Dich zu erheben,
Vor unserm Grimme soll der Feind erbeben,
Verschont nur sei, wem, Holde, Du vergeben!

(Ueber der Scene ist langsam der Mond aufgegangen. Gudrun ist
an's Ufer geeilt und winkt den Scheidenden nach, bis sie dem
Augenpunkte entschwunden sind.)

Gudrun.

Leb' wohl! Leb' wohl! O Trost des Glaubens!
Wem Hoffnung mild im Wiedersehen winkt!

Hiltburg.

Vom gold'nen Thron die müde Sonne sinkt,
Das Scepter hebt am Himmel schon die Nacht,
Den Mohnkranz flechtend in die bunt'len Locken,
Schlägt sie den Mantel auf in Diamantenpracht.

Gudrun

(steht immer noch dem Strande zugekehrt und winkt den Scheidenden nach.)

Hiltburg.

Komm' Liebe, laß uns geh'n!

Gudrun

(rafft ein Tuch nach dem andern von Gerlint's Wäsche auf und wirft es jubelnd in den Fluß. —)

Fahr' hin! Fahr' hin! Frau Gerlint's stolze Wäsche!

Hiltburg.

Weh! Was beginnst Du?

Gudrun (lachend).

Dankopfer will ich bringen,
Dem schilfgekrönten, wellenfeuchten Meeresgott!

Hiltburg.

Halt ein! Was ficht Dich an?

Gudrun.

'S ist bald gethan!
(Mit komisch-feierlicher Geberde die Linnen in den Fluß schleudernd.)
Fahr' hin! Fahr' hin! Frau Gerlint's stolze Wäsche!
Fahr' hin! Fahr' hin! Den Winden sei geweiht!
Auf salz'ger Woge wälze dich die Fluth,
Hin zu des Nordpols ew'gen Eiseszacken:
Sie mögen zerstampfen dich und zerhacken,

Nicht länger sollst du mich plagen und placken.
Einst finde ein Eisbär die Linnen fein,
Der zärtlichen Mumma dann bring' er sie heim,
Daß sie wickle die jungen Eisbären darein.

Hillburg.

Vor Schrecken steh' ich starr. — Kind, bist Du toll?

Gudrun (lachend wie vorher).

Fahr' hin! Fahr' hin! Frau Gerlint's stolze Wäsche,
Die Gudrun wusch mit ihren zarten Händen,
Und steht nach ihr euch einst der stolze Sinn,
So hol sie euch wieder, Frau Königin!

Hillburg.

Ganz unerklärlich ist mir Dein Betragen!
Was werden nun antworten wir und sagen,
Wird uns Frau Gerlint nach der Wäsche fragen?

Gudrun.

Du sollst getrost Dich aller Furcht entschlagen!
Die Wäsche kümm're, Liebe, Dich nicht allzusehr,
Wie immer auch Frau Gerlint uns begrüßt:
„Zwei Könige habe ich heute geküßt,
Zu Gerlint's Wäscherin ist Gudrun viel zu hehr."

(Beide ab.)

Fünfte Scene.

(Gemach in der Burg mit dem Ausgang auf eine Altane. Königin Gerlint und Hergart, Letztere in höfischen Kleidern.)

Gerlint
(von ihrem Sitze aufspringend).

Genug! Die Späße wollen heut' mich nicht ergößen!

Hergart.

Herzlich schlecht dann sind die Späße! Wie?
(Sie betrachtend.)
Oder wär't Ihr krank?

Gerlint.

Wo nur die Mägde bleiben!
Im Westen schon die Sonnenscheibe sank,
Voll düstern Unmuth's ist mein Sinn.

Hergart.

Gift ist dem Leib er wie der Seele Last,
Versagt die Herberg solchem unliebsamen Gast.

Gerlint.

Ja, wem das Blut so lustig durch die Adern rollt
Wie Dir, dem schiene wohl das Leben selbst ein Spaß.

Hergart.

Was ist es denn auch mehr?

Gerlint.

Meinst Du? — vielleicht! —
Wer nur an schlechten Späßen sich vergnügen könnte!
(Heftig.)
Steig' auf die Zinne, sieh' doch ob sie kommen!
(Hergart entfernt sich.)
Die Unruh zehrt ein Vampyr mir am Marke,
Ich möchte fliegen, selbst mir zu entflieh'n.

Hergart (oben für sich).

Noch keine Spur zu seh'n!
(laut) Gewiß sie werden kommen!
(Leise.)
Wo sie nur bleiben?

Gerlint.

Siehst Du was?

Hergart (zögernd).

Mich dünkt — ja, ja!
Ich seh' ein weiß Gewand von Weitem blinken.
Ein Weilchen noch Geduld, bald sind sie hier.

Gerlint.

Geduld und immer nur Geduld! Verhaßtes Wort!
Dich dünkt nur, Thörin? Reiß' die Augen auf,
Ein leer Bedünken ist ein Schatten an der Wand,
Gewißheit will ich —

Hergart (kommt zurück).

Ihr Tagewerk war übergroß gemessen!

Gerlint.

Maulaffen feil zu halten schickt' ich sie nicht aus.

Hergart.

Scharf weht der Wind, der Boden liegt voll Schnee,
Und dann die bloßen Füße —

Gerlint.

     Meinst am Ende gar,
In Sammtpantoffeln hätte ich sie kleiden sollen,
Daß sie die zarten Füßchen nicht an Steinen ritzen?

Hergart (schalkhaft).

Just schlimm wär's nicht gewesen, hättest Du's gethan!
Bei dieser Kälte, Herrin!

Gerlint.

     Hör' ich so Dich an,
Ist mir als sollt' ich aus der Haut gleich fahren!
Dein Kindskopf ist noch viel zu jung an Jahren,
Drum sprich von Dingen mir, die Du verstehst.

Hergart.

Da fürcht' ich werd' ich ganz verstummen müssen!

Gerlint.

Nun seh' doch einer an, wie man sich ziert!
Schwirrt's nicht dem Weibchen da im Wirbelköpfchen,
Als wie im Bienenkorb der tolle Schwarm?

Hergart.

Mir selber wird davon bald kalt, bald warm.

Gerlint (sie streichelnd).

Warum nicht gar — man schüttelt sacht die losen Locken,
Und Späße regnet es herab in Hüll' und Fülle,
Wie im April vom Apfelbaum die Flocken!
Das lieb' ich just an Dir, sie, die da mit Dir zogen,
Das ist ein kränkelnd, bleichsüchtig Geschlecht,
Doch Du hast Temp'rament, das macht mich Dir gewogen.

Hergart.

Ein Glück nur daß —

Gerlint.

    Vernahmst Du nichts?

Hergart.

              Ein großes Glück —

Gerlint.

Mir brennt der Boden unter meinen Sohlen.

Hergart.

Sagt' ich, ein Glück daß Blüthenflocken —

Gerlint.
Noch immer nichts?

Hergart.
Und Kürbis nicht am Baume hangen!

Gerlint.
Kürbis? Und warum?

Hergart.
Ei, denkt nur Königin, welch' schlechter Spaß,
Ein Kürbiskopf, groß wie ein Wagenrad —
Fiel unversehns mir auf die Nase — plumps!

Gerlint.
Welch' toller Einfall, Kind!

Hergart.
Der ist längst eingefallen,
Dem's zuerst einfiel. 'S ist eine Fabel, schlicht und recht,
Wollt Ihr, daß ich sie Euch erzähle?

Gerlint.
Dacht' ich's doch!
Mit Sprüchwörtern und Fabeln vollgespickt
Ihr Deutsche seid, das Denken Euch zu sparen.

Hergart.
Ein Deutscher war's, der sie zuerst erdachte.

Gerlint.

Von Kindesbeinen bindet man Euch auf den Plunder
Der Mährchenwelt, bis ihr am Tage glaubt an Wunder.

Hergart.

Hart ist die Scholle, die den Deutschen nährt,
Drum hat die Norne ihm in's karge Leben,
Der Dichtung gold'nen Traum gegeben.

Gerlint.

Ein wunderliches Volk, ein Volk von großen Kindern,
Da greifen alle in denselben alten Sack,
Und geben aus die schon geprägten Münzen.

Hergart.

Das ist der Erde Lauf. Der Weise prägt's,
Der Narr gibt's aus. —

Gerlint.

           Nur jetzt verschone mich!
Fort! Auf die Zinne, siehe ob sie kommen!

Hergart (oben für sich).

Noch keine Spur zu seh'n!

Gerlint.

      Gewahrst Du sie?

Hergart (für sich).
    Was sag' ich ihr?

Gerlint.
Nun? Wird's bald? Schelmin, bist Du denn stockblind?

Hergart.
Nun ja, der Schnee ist blendend zum Erblinden.

Gerlint.
Ich muß mir selber noch die Mühe geben,
Gewißheit sonst erlang' ich nicht von Dir.
   (Sie steigt herauf.)
Als hätte sie der Wind wie leere Spreu verweht,
So einsam und verlassen rings die Straße steht.
   (Zu Hergart.)
Was faselst Du von weißen Kleidern? Ist zu seh'n
Doch in die Weit' und Breite nichts als Schnee.
  (Unten zurückgekehrt, den Boden stampfend.)
Die Galle kocht mir über, krampfhaft zuckt
Die Rechte nach der Gertr. O die Tagediebe,
Die Lässigen, die Unnützen, die Fratzen!

Hergart (für sich).
Nun gilt's zu lenken ihren Sinn auf And'res hin.
Wär' Rolph nur hier! Doch fern auch dien' er mir
Als Blitzableiter ihrer tollen Wuth,
Ist sie ihm doch fast bis zur Schwäche gut.

Gerlint.

Die Meute will ich auf die Dirnen hetzen,
Nach ihnen will ich meine Diener senden,
Mit Ruthen sie nach Hause peitschen lassen.

Hergart (schmeichelnd zutraulich).

Ach, laßt sie laufen, theu're Königin!
Sie lehren allzufrüh zu kränken Eu'ren Sinn,
Was woll't Ihr allen Zorn an sie verschwenden?

Gerlint.

Ha! züchtgen will ich sie mit diesen, meinen Händen!

Hergart.

In der Erwartung laßt uns lieber plaudern
Von angenehmen Dingen —
(Für sich.)
Unbegreiflich ist ihr Zaudern!

Gerlint.

Kindisch Herz!

Hergart.

Wenn Ihr Euch so erzürnt, erkrankt Ihr noch.

Gerlint.

Erkranken ich? Nicht doch! Du aber plaud're,
Wenn Du plaudern mußt. Eins aber wüßt' ich gern:
Warum Dich niemals Furcht von mir hält fern?

Hergart.

Wie sollt' ich fürchten Euch, Ihr seid ja gut zu mir,
Und mehr noch, gut zu ihm, nach dem Ihr, dünkt mich,
Lange nicht gefragt. —

Gerlint.

Vergaß ich das? Nun, nun,
So gib geschwind mir Kunde, mit Deinem Plaudermunde,
Von unserm Ehemann!

Hergart.

Er schwört wie ein Verliebter,
Bei der Liebe Göttern, daß unterm Himmelsrund
Nicht girrt ein sanfter Täubchen, als sein Gemal.

Gerlint.

Gern gönn' ich ihm sein Glück!

Hergart.

Das mögt Ihr wohl!
Er schleppt nicht schwer daran. Zwei Mücken trügen
Es auf ihren Flügeln leicht davon.

Gerlint.

Ist gleicherweise man
Zufrieden mit dem Gatten und Gebieter?

Sergart.
Wie man's so nimmt. Zufrieden just genug,
Um unzufrieden nicht zu sein, und unzufrieden
Wiedrum genug, um ganz zufrieden nicht zu sein.

Geelint.
Wie? Hätte man an ihm was auszusetzen?

Sergart.
Behüte Gott! Der Herr sucht seines Gleichen!
Augen hat er wie ein Sperber,
Haare wie die schwarze Nacht,
Dazu zwei Lippen frisch und roth,
Zum Küssen wie gemacht.

Geelint.
Ist er nicht schön und reich?

Sergart.
    Just schön genug
Um häßlich nicht zu sein, und reich genug,
Um betteln nicht zu müssen. —
Im Lieben ist er zahm, im Hassen lahm,
In Demuth stolz, im Hochmuth demuthsvoll,
An Falsch eine Taube, an Unschuld ein Rabe,
An Uebermuth ein Greis, an Weisheit ein Knabe.

Geelint.
Das klingt ja auf ein Haar wie ein Sündenregister!

Bergart.

Behüte Gott! Wir loben nur gemessen.
(Für sich.)
Diesmal gelang es mir, sie konnte sich vergessen.

Gerlint
(plötzlich wieder in alter Wuth auffahrend).

Du schwatzest wie ein Staar. Nun halt' ich mich nicht mehr!
Fort! Auf die Zinne! Lebend oder todt, —
Zur Stelle schaff' sie mir!

Bergart (oben).

Gott sei gelobt!
(Laut.)

Sie kommen! Sie sind da!

Gerlint
(zu ihren Dienerinnen).

Flink! Auf die Lauben soll man Wasser gießen,
Mit Erbsen drauf den Boden dicht bestreuen,
Das mag zu Nacht der Milden Lager sein,
Ihr schnödes Thun in Muße zu bereuen.

Sechste Scene.

Vorige. Gudrun und Hildburg.

Gerlint.

Ihr habt den Muth vor Augen mir zu treten?
Wahrhaftig das ist kühn! Wo blieb die Wäsche?
Sprecht! Ihr kehrt mit leeren Händen? Wie?

Gudrun (gelassen ruhig).

Die Wäsche schwimmt im Fluß.

Gerlint.

Die Wäsche schwimmt im Flusse? Meine Wäsche?
Die königliche Wäsche? Gerlint's Wäsche?
Daß Dir die lose Zunge mög' verdorren
Die solche Rede führt. O Schlangenbrut,
Mit Riemen will ich Dir den Nacken züchtg'en.

Hildburg.

Verzeihung, Königin, Verzeihung, diesmal noch!
Nicht Vorsatz war's, es war nur Mißgeschick,
Ich that es — ich allein bin schuldig.

Gerlint.

Schweig' Gleißnerin, Du lügst!
Du, Gudrun, steh' mir Rede.

Gudrun.
Willst Du mich hören, red' ich frei.

Gerlint.
Wohlan es sei!
Ich will den Zorn in scharfem Zügel halten,
Denn solche Frechheit ist mir wahrlich neu.

Gudrun (zu Hiltburg).
Zum letzten Mal heut' logen Hiltburg's Lippen.
(Zu Gerlint.)
So hör' mich an — dann magst nach Recht Du richten.
Als wir am Fluß mit halb erstarrten Händen,
Vor Kälte zitternd und mit wankem Kniee,
Die Wäsche wuschen, kam es plötzlich über mich
Wie Schamgefühl, so tief erniedrigt mich zu seh'n,
Der ärmsten Sclavin gleich, und ich beschloß,
Wofern der Himmel nicht gewillt mein Loos zu wenden,
Durch eig'ne Macht mein Mißgeschick zu enden.
Kaum hatt' ich den Gedanken reiflich überdacht,
So faßt ein Abscheu vor der Wäsche all Empfinden,
Und daß sie nimmer sollte Gudrun's Schmach verkünden,
Ließ ich im raschen Wellenwirbel sie verschwinden.
So steh' ich nun vor Dir, nicht die ich war,
Nein, eine And're, Neuerstandne ganz und gar,
Nicht länger will ich Deinem Wunsche widerstreben,
Vielmehr dem Willen Dein willfahrend mich ergeben.

Drum reiche meinen Frauen Schmuck und Prachtgewande,
In Sammt und Seide kleide sie nach Rang und Stande,
Die Harfner hole man zu Festgelag und Ringeltanz,
Mich selbst umgebe fortan königlicher Glanz,
Und in die Locken drücke man Gudrun den Hochzeitskranz.

Gerlint.

So liegst Du endlich denn vor mir im Staube?
Zertreten könnt' ich Dich wie einen Wurm,
Hinstreuen Deine Spur dem Wind zum Raube.

Gudrun.

Daß größer Gerlint denkt, das ist mein Glaube.

Gerlint.

So siehst Du ein, wie thöricht Du gehandelt?

Gudrun.

Sei Dir's genug, daß Menschensinn sich wandelt.

Gerlint.

So darf ich Hartmuth langersehnte Kunde senden?

Gudrun.

Mit diesem Tag muß Gudrun's Knechtschaft enden.

Gerlint.

Heil Dir! Daß endlich zur Besinnung Du gekommen!
Mit Dir schließ ich den Sohn an's Mutterherz,

Denn fern von mir hielt ihn um Dich der Schmerz,
D'rum sei um seinetwillen mir als Schnur willkommen!
(Sie küßt sie feierlich auf die Stirn.)

Gudrun.

Und darf ich hoffen, daß Du hast vergeben?

Gerlint.

Ob werth des Glückes Du, die Zukunft wird's ergeben.

Hergart.

Ist's Wahrheit, Gudrun, was mein Ohr vernommen?
O Heil Dir! Heil uns, daß es so gekommen!
(Sie umarmt sie.)

Gerlint
(zu den Dienern).

Gleich fert'ge man die Boten an die Fürsten ab,
Sie sollen reiten mit verhängtem Zügel,
Die Sporen sparen nicht, Rast halten in dem Bügel.
Den Botenlohn verdien' ein Jeder gern,
Denn wohlgefällig ist die Botschaft heut' dem Herrn.
(Gudrun und ihre Frauen, sich verneigend ab.)

Hergart.

Ich steh' erstaunt. Welch' Wunder wirkte hier,
Daß solche Wandlung ihres Sinnes möglich?

Gerlint
(verächtlich mit der Achsel zuckend).

Was soll' es sein? Leichtsinn der Jugend, wahrlich
Weiter nichts, der sich gefällt in jähen Sprüngen,
Statt auf gemess'ner Bahn zu wandeln wie der Weise.
Bewundern magst Du schließlich meine Kunst,
Denn ihr, zum Theil, verdanken wir des Wechsels Gunst.
Doch geh' nun Hergart, schmücke Dich auf's Beste,
Aus meinen Truhen nimm' was Dir gefällt zum Feste.
Entbiete Rolph zu mir — zu Ortrun eile —
Und wähle ihr zu Hartmuth's Hochzeitstag,
Was immer nur ihr junges Herz erfreuen mag.

Hergart.

Ich thue wie Du sagst. Du aber, Königin?

Gerlint.

Mich laß allein, nur Einsamkeit taugt meinem Sinn.

(Hergart ab.)

Siebente Scene.

(Gerlint allein, später Rolph.)

Gerlint.

So lieb mir auch die munt're Schwätzerin,
Doch wag ich's nicht, mich ganz ihr zu vertrauen,
Nicht zu enthüllen ihr die Schauder dieses Busens,
Die schreckendräuend füllen ihn mit Furcht und Grauen.
Doch Ruhe find' ich nicht — es ist als legte
Sich eine Todtenhand an meines Daseins Wurzel,
Und rüttelte die feste Seele aus den Fugen.
Schlaflos noch lag ich, zwischen Traum und Wachen
(Ob längst der Zeiger Mitternacht vorüber),
Da öffnet sachte sich die Thür' vom Schlafgemach,
Und durch die Wachen durch, die eingeschlafen,
Schleicht sich's an's Bett; bleich, blutend, schmerzzerrissen,
Erkenn' ich Hartmuth's heißgeliebte Züge
Die den Entsteller Tod noch strafen Lüge.
Schon holen die entsetzten Lippen aus zum Schrei,
Der qualvoll aus beklomm'ner Brust sich ringt,
Da legt er leise seine Hand mir auf den Mund,
Ihn sanft verschließend mit der kalten Todtenhand,
Und mit der Andern deutet schweigend er auf eine Wunde,
Tief in des theu'ren Herzens tiefstem Grunde.
Mit beiden Armen da umschling' ich ihn,

Und preſſe meine Lippen an die Wunde,
Die klaffend weit mich wie zum Hohn angrinzt,
Das Blut zu ſtillen, das in Strömen floß,
Da — von des Jammers Uebermaß erdrückt,
Ohnmächtig ſank ich auf das Lager nieder.
(Ihre Stimme iſt immer tonloſer geworden; Rolph iſt im Hinter-
 grunde eingetreten, ſie bemerkt ihn nicht.)
Als ich erwachte — fand ich mich allein —
Und durch die Vorhänge auf's thränenfeuchte Kiſſen
Stahl ſich des jungen Frühroth's blut'ger Schein.
(Sie verſinkt in dumpfes Hinbrüten. Rolph bleibt, betroffen von
 ihrer kummervollen Miene, ſie theilnehmend betrachtend ſteh'n.)
(Auffahrend.)
Wer ſprach?

Rolph.
Du ſelber, Königin.

Gerlint.
Was willſt Du hier?

Rolph.
Ich harre Deines Wink's.

Gerlint.
Ganz recht, ich ließ Dich rufen!
Jetzt entſinn' ich mich.
(Sie geht, ihn ſcharf firirend, auf ihn zu.)
Ich dachte laut,
Erlauſchteſt Du der Worte dunkeln Sinn?

Wolph.

Ich las den Kummer in dem Antlitz meiner Königin.

Gerlint.

Und hörtest nichts? Wohl Dir! Sei guten Muth's!
Der Anfall ist vorbei, und wie nach Sturmeswellern
Die Fluren ringsum neu erquickt erstehen
Und der Himmel blaut, sollst heiter Du mich sehen.

(Er nähert sich ihr ehrerbietig.)

Geh' nun und treffe Anstalt für die eb'len Gäste,
Mit Deinem Haupte haftest Du, daß es an nichts gebreste,
Was Glanz und Pracht und Ruhm verleihe unserm Feste.
(ab.)

Der Vorhang fällt.

Ende des vierten Aktes.

Fünfter Akt.

Erste Scene.

(Offener, reichgeschmückter Saal mit der Aussicht auf's Meer. Eine grosse Tafel mit Silber und Goldgefässen und venetianischem Glase besetzt, nimmt die Mitte ein, Pagen schenken den Wein aus goldenen Kannen. Musik, Kranzwinderinnen und Tänzerinnen. Um die Tafel sitzen fürstlich geschmückt die Frauen Gudrun's; zunächst der Aussicht auf das Meer Gudrun mit Purpurmantel und Krone, ihr zur Seite Hiltburg und Ortrun, welche Letztere den Brautkranz für sie windet.)

Kranzwinderinnen und Tänzerinnen.

Windet die Kränze,
Schlinget die Tänze,
Zum fröhlichen Reih'n,
Blume an Blume,
Jungfrau an Jungfrau
Im holden Verein.

Eine.

Bannet die Sorgen
Der irdischen Brust,
Schon winkt uns der Morgen
Zu Wonne und Lust.
Preiset die Liebe
Mit jubelndem Laut,
Besiegt hat die Minne
Die minnigste Braut.

Kranzwinderinnen und Tänzerinnen.

Windet die Kränze,
Schlinget die Tänze
Zum fröhlichen Reih'n,
Blume an Blume,
Jungfrau an Jungfrau,
Nichts kann auf Erden
Lieblicher sein.

Eine.

Heil Dir, o Herrscherin,
Minne, Du Siegerin,
Nimmer betrogen ist,
Wer Dir vertraut.
Heil Dir, o Herrscherin,
Minne, Du Siegerin,
Selig vor Allen sind
Bräut'gam und Braut.

Alle.

Windet die Kränze ꝛc. —

Ortrun (zu Gudrun).

Schau', wie der Kranz mir in den Händen wächst!

Gudrun.

Als hältest Du die Kunst dem Lenze abgelauscht,
Du lieblich' Kind, Du kleine Zauberin.

Ortrun.

Laß mich versuchen, wie er zu Gesicht Dir steht.
(Sie setzt ihn Gudrun auf und klatscht vor Freude darüber in die Hände.)
O herrlich! prächtiglich! das Werk lobt seinen Meister!
(Zu den Mädchen.)
Auf Mädchen, im Tanze die Traute umschlinget,
Mit jubelnder Kehle das Bräutchen besinget.
(Die Mädchen umtanzen Gudrun.)
  Windet die Kränze
  Schlinget die Tänze ꝛc.

Gudrun
(hat sich ihnen entwunden, zu Ortrun).

Mir will das Tanzen nicht von Herzen geh'n,
D'rum laß mich seh'n wie Dir die Myrthen steh'n.
(Sie setzt Ortrun den Kranz auf, die Mädchen umschlingen tanzend
diese und singen.)
  Windet die Kränze,
  Schlinget die Tänze ꝛc.

Ortrun
(hat in den Rausch der Freude lachend eingestimmt, steht dann
plötzlich sich besinnend, erröthend vor Gudrun still.)
O nimm zurück die heilig ernste Bürde,
Dem Kinderantlitz will nicht bleiben Würde.

Gudrun.
Drückt Dich die süße Last? So gib zurück sie schnell,
(Hebt ihr den Kranz vom Haar ab.)
Komm', glätte Deine Stirn und blicke wieder hell.
(Küßt sie.)

Ortrun.
Entrathen mag ich solchen Schmuck's noch manchen Tag.
Mein kindisch Herz kein Held erwerben mag.

Gudrun.
Das Herz wächst mit dem Kinde Tag für Tag.

Ortrun.
Der Schönste doch von Allen ist erschienen mir,
Der mich die Schwester finden ließ in Dir.
(Sie umarmt Gudrun, dann mischt sie sich unter die Gespielen.)

Gudrun.
Wie dank' ich, süßes Kind, Dir Deine Liebe!
(Die Frauen umringen Gudrun.)

Eine der Frauen.
O Gudrun, sprich, welch' Wunder ist geschehen,
Daß so verwandelt wir Dich müssen sehen?

Vertraue uns, wir kennen Dich nicht mehr,
Und zum Ersticken ist das Herz uns schwer.
Wir schmückten festlich uns auf Dein Geheiß,
Doch brennt im Busen Zorn und Scham uns heiß.
Ist's möglich? Führst Du selbst uns in's Verderben?
Vergaßest Du, daß süßer sei zu sterben,
Als Glanz und Ehre in der Knechtschaft sich erwerben?
Kann so die Ed'le sich vom Pfad der Pflicht verirren?
Kann so die Treue sich zum Trug entwirren?
Kann Hilde's Tochter fremdem Räuber reichen ihre Hand?
Kann sie verrathen die Getreuen, Herz und Vaterland?

Gudrun
(lacht laut auf, daß es an den Marmorwänden wiederhallt).

Hergart
(ist im Hintergrunde eingetreten).

Gudrun.
Ihr zagen Geister, schweiget Eu're Klagen!
Sah't Ihr mich froh in harmesvollen Tagen?
Und bin ich froh, — Kleinmüth'ge — könnt Ihr zagen?

Hergart (für sich).
Ihr Lachen fuhr mir schaubernd durch die Seele,
So lachte nie Gudrun — unheimlich glänzt ihr Blick,
Und Purpur kränzt die sonst so bleichen Wangen;
Des Kommenden gedenk' ich nur mit Bangen.

Denn Gudrun's Lachen weissagt uns nicht Glück.
Rolph will ich warnen geh'n, was sein muß, wird gescheh'n.
(ab.)

   Die Frauen (zu Gudrun).

Du gibst uns Ruhe wieder, Trost und Leben!
Du weißt es, Herrin, wie wir treu Dir sind ergeben!

   Gudrun.

Ich weiß es, Theu're, denn Ihr habt's bewährt!
Befreit die Herzen nun von bangen Sorgen,
Genießt was Euch des Schicksal's Gunst bescheert,
Der Freude Wohlthat habt Ihr lang entbehrt.
Wißt, unser Retter nahet mit dem Morgen!

   Die Frauen.

O selig Entzücken! O heißes Verlangen!
Welch' stürmisches Jauchzen! Welch' Hoffen und Bangen,
Hält zagend den bebenden Busen befangen?
  (Langsam dämmert der Morgen herauf.)

   Gudrun.

Seid wachsam! Reiches Kleinod, gold'ne Spangen,
Verheiß ich ihr, die mir die Kunde saget an
Von des ersehnten Morgensternes Nah'n.

   Die Frauen.

Wie wird es enden? Wird es sich wenden
Das neidische Glück? Wie wir's wähnen! ersehnen!
Zur Ewigkeit flüchtige Stunden sich dehnen.

Gudrun.

Wachet! O wachet! Es schwebe der Geist
Auf Schwingen der Freude zum Lichte empor,
Einstimmend in der Sel'gen Chor!
Wachet! Daß nicht erlösche die Flamme,
Die kümmerlich fristet ihr Dasein im Harm,
Eh', gleich dem Adler im Aether der Lüfte
Die Sonne mit strahlendem Fittig kreist.
Wachet! O wachet! Harr't Jungfrau'n bereit,
Denn wahrlich der Bräutigam weilet nicht weit.
(Aus der Ferne sanft verklingend.)
Windet die Kränze,
Schlinget die Tänze, ꝛc.

Hillburg (am Fenster).

Der Morgenstern! Der Morgenstern!

Alle.
(auf die Kniee sinkend).

Sei uns gegrüßt, Gesandter Du des Herrn!

Gudrun.

O heilig schöner, milder Morgenstern!
Mit Inbrunst grüßen wir Dich, Heilverkünder!
Du Strahlenherold, der aus Wolkenfern',
Uns weissagt, daß der junge Tag geboren!
Du Bote, mit der Stirn, der faltenlosen,
Vorleuchtend ihm, der siegreich wie ein Held,

Das hohe Haupt bekränzt mit ew'gen Rosen,
Zum Licht erweckt die schlummersmüde Welt
Mit seinem Flammenblick und seiner Lippen Kosen.
(Sie bleibt lange wie im Gebete versunken, auf den Knieen. Vom
  Meere her ertönt Wate's Sturmhorn, laut wie Donnergeroll.)

Hildburg.

     Horch! Horch!
Das ist des greisen Wate Wunderhorn,
Den Feinden ein Schreck, den Freunden ein Sporn!

Rolph
(mit seinen Mannen).

Hier ist Verrath im Spiel! Seid wachsam Kameraden!

Gerlint.

Das war nicht König Ludwig's Ruf?

Rolph.

     Gebieterin!
Nicht ferne weilen kann der König mehr,
Die nächste Stunde führt zur Burg ihn her.

Wächter (vom Thurm).

Vom Meere her naht uns ein Sturm,
Von blitzenden Gêren und Spießen.

Rolph.

An Eu're Posten, Männer! Zu den Schanzen!
Heut' gibt's beim Ihr ein blutig Tanzen.
    (Rolph und Mannen ab.)
(Von der entgegengesetzten Seite her ertönt König Ludwig's Horn.)

Gerlint.

Das ist des Königs Horn! Gesegnet sei der Klang,
Mehr nütze heut' als Meß' und Orgelsang.
(Sie steigt auf die Zinne.)
(Hartmuth's Jägerhorn erschallt.)

Ortrun.

Das ist des Bruders Jagdfanfare!
Wohl kenn' ich sie! Werd' ich ihn wieder seh'n?
Mir ist seit ich ihn sah verflossen Jahre!
Beklommen ist mein Herz — d'rum will ich beten geh'n.
(Ab in die Kapelle.)
(Die Sonne geht unterdessen majestätisch über dem Meere auf und färbt es roth.)

Gudrun.

Auf hohem Felsen nistet der Aar,
Hebt er die Flügel, so rauschen die Lüfte,
Die Höhen erzittern, es zittern die Grüfte,
Es beben die Herzen der Männer!
In seinen Krallen schwingt er das Schwert,
Das Schwert der flammenden Rache,
Dann wanken die Mauern, die Burgen vergeh'n,
Mit blutigem Saum wird die Sonne aufsteh'n
Am Tage der flammenden Rache!
(Kampfgetümmel von außen. Wate und Horant nebst Mannen erscheinen oben auf der Mauer.)

Zweite Scene.

Wate.

Legt Leitern an — die Stricke her —
(Sie lassen sich von der Mauer herab.)
Mir nach! Mir nach
Ein jeder Mann, der fallen oder siegen kann!
(Sie werfen die Wachen nieder.)
Mit meinem Schwerte hau' ich Euch die Gasse
Durch Feindesreih'n hindurch. Mir nach! Mir nach!
(Sie sind vor der offenen Halle angelangt.)
Wo ist die Fürstin, daß den Saum ich fasse
Des Kleides, das die Heilige berührt!
Die Helden weinten wuthentbrannte Thränen,
Als sie vernahmen, daß die Königstochter
Frau Gerlint's Wäsche wusch mit ihren Händen,
Und schwuren allesammt in Blut zu waschen
Den Schimpf, der ihrer Herrin widerfuhr.
(Er läßt sich vor Gudrun auf ein Knie nieder. Horant desgleichen.)
Empfang' die Huldigung von Deinem treu'sten Knecht.

Gudrun.

Steh' auf, ehrwürd'ger, löwenkühner Greis!

(Zu Horant.)
Auch Du, der Kindheit Freund, Du liederreicher Sänger!
Mein Mund nach einem Worte sucht Euch zu begrüßen,
Und findet's nicht, weil Thränen ihn verschließen.

Wate.
Von Herwig bring' ich, Hehre, Dir den Morgengruß!

Gudrun.
Wo weilt der Theu're, daß ich ihn entbehren muß?

Wate.
Er sprach: Geh' hin und sage meinem Engel,
Daß siegreich Herwig nahet, oder nie ihr Auge
Sein Antlitz wieder sieht —

Gudrun.
Entsetzen birgt das Wort!

Wate.
Die Freiheit bringt er auf des Schwertes Spitze,
Die Feinde zu vernichten zucken schon die Blitze
Des Himmels nieder, so die Freblerschaar vertilgt;
Denn für uns kämpft der Engel und die gute Sache,
Und reichen die nicht aus — vollendet es die Rache.
(Wachsendes Getümmel von außen.)
Mir nach! Die Zeit ist dräugend, Horant Dir,
Vor Allen ward der ehrenvolle Auftrag
Zu schützen uns're ed'le Königin.
(Horant verneigt sich, Wate und Mannen ab.)

Gabran.

Wie dank' ich es dem gütigen Geschick,
Das solchen Freund mir gab in solchem Augenblick.
(Horant's Genossen besetzen die Ein= und Ausgänge der Halle.)

Horant.

Die ew'gen Mächte sind mit uns im Bunde,
D'rum zage nicht, Dir schlägt der Freiheit Stunde.

Dritte Scene.

Vor der Burg.

Hartmuth.

Heissa! Das ist ein lust'ger Hochzeitsmorgen,
Der Spielmann Klapperbein spielt auf die alte Melodei,
Die Sterblichen von Anbeginn des Seins das Ohr umsummt
Mit ihres Singsangs sinnberaublem Einerlei!
Aus leerem Schädel, hohler Augenhöhl' er grinst,
Mit klapperndem Gebein streicht er den Fidelbogen,
Und alle stürzen wie besessen an den Reigen.
Und keiner der den heisern Ton vernimmt, jung oder alt,
Schön, häßlich, arm und reich, dem Tanz entrinnt.

Denn was da lebt, ob's herrlich aufwärts strebt,
Ob wer belastet keucht an schweren Krücken,
Ob wer ein Adler nah der Sonne schwebt,
Mit seiner Flügel angebor'ner Schwungkraft —
Was ist, muß sich des Spielmann's Scepter neigen,
Und alle bringt der Fiedler an den Reigen.
Hei! Lustig Alter! Streiche deinen Bogen,
Hier ist die Brust, die niemals dich gescheut!
Auf! Heute gib dein bestes Lied zum Besten,
Es ist mein Hochzeitstag, die Zahl der edlen Gäste,
Die heut' sich zu dir drängt, ist eitel Unzahl traun.
Als Hochzeitsfackel steht das Reich in Flammen,
Und was der Sdemann mit der Sorge langer Jahre
An Saaten ausgestreut, an edler Geistessaat —
Der Sensenmann mäht's in Minuten nieder.
Schon hör' ich dich die blut'ge Sichel wetzen,
Schon fühl' ich in der Brust des kalten Eisens Schneide.
Nur einmal noch laß mich, bevor ich scheide,
Am Antlitz der Geliebten diese Augen letzen,
Am Morgenthau mich laben, eh' des Tages Hitze,
Auch mich versenget und der Jugend Knospe streift,
Lang eh' die Garbe an der Sonne Kuß gereift.

(Schlachtgetümmel.)

Vierte Scene.

Herwig. Hartmuth.

Herwig.

Treff' ich Dich endlich, junger Held?
Schon lange fahndete auf Dich mein Blick,
Denn Deine Rüstung kündet mir, Du sei'st von Adel.

Hartmuth.

Ich bin ein Ritter sonder Furcht und Tadel,
Die Worte spare Dir —

(Sie ziehen kämpfend über die Bühne.)

Fünfte Scene.

König Ludwig, später Wate.

Ludwig.

Verwünschte Jagd! Der Fuchs ist in der Höhle,
Aus festem Hinterhalte fällt er wüthend aus.
Gesichert ist dem Feind der Rückzug nach dem Meere,
So fing den Löwen in der Fabel einst die Maus.

Wate.

Steht mir! Ich hab' ein Wort mit Euch zu reden.

Ludwig.
Kannst Du nicht sechten, daß Du Reden führst?
(Er zieht.)

Wate.
Im Names meines Herrn steh' ich vor Euch.

Ludwig.
So rufe meinen Knecht mit Dir zu kämpfen.

Wate.
Blutrache ford're ich, die Schuld ist fällig,
Ich nehme sie mit Zins —

Ludwig.
    Wahnwitz'ger Thor!

Wate.
Ihr macht mir heiß.

Ludwig.
    Waghals'ger Greis!

Wate.
Kennt ihr nicht Wate's Arm?

Ludwig.
   Kennst Du den Grimm des Leuen?

Wate.
Daß ich ihn kenne soll Euch nimmer freuen.

Ludwig.

Zieh' Prahler, Polterer!

Wate.

Beschimpft Ihr mich?

Ludwig.

Mir gilt es gleich um Deinesgleichen.

Wate.

Ha! Wate's Zorn soll Euer Hochmuth weichen!

Ludwig.

Du füllst die Luft mit leeren Streichen!
(Sie fahren wüthend gegen einander an. Kampf. Ludwig fällt.)

Wate
(wirft sein Schwert weg und kniet).

Den hohen Manen meines ed'len Herrn
Weih' ich dies Opfer, nehmt es freundlich an
Ihr ew'gen Mächte! Weiß ich doch, wenn Wate nun
Zu Hettel kommt, sieht er den Alten gern.
(ab.)

Sechste Scene.

Ludwig, später Rolph.

Ludwig.

Fluch, Schneekopf, Dir! Dein Stahl ist spitzig
Wie Deine lästerliche Zunge, alte Bremse.
Zerhauen lieg' ich, hingestreut ein Häuflein Elend,
Zum Futter für die Würmer und die Raben.
Wer geht?
(Rolph kommt.)

Rolph.

Allmächt'ger Gott! Der König?

Ludwig.

Nein, der König nicht, der König kann nicht sterben,
Ich aber sterbe, Freund! Erzähle nicht das dumme Märchen,
Ersonnen zu der Völker Hohn und Spott.
Es soll sich Keiner König nennen,
Bevor er fühlt wie Todeswunden brennen,
König zu sein nicht rühme sich ein guter Christ,
Bevor er weiß, ob er ein König unter Schädeln ist.
(Lacht.)

Rolph.

Ihr seid verwundet?

Ludwig.

Ja, verwundet!
S'ist ein Nadelstich, der mir die Seele nur
Vom Leibe trennt; faul ist der Faden,
Mehr nicht werth als einer Spinne Machwerk.
Gib' mir zu trinken, Junge, greine nicht — so, so!
Schlag' mir den Mantel über und verbirg den Leichnam,
Bis die Schlacht entschieden, es könnte sonst ein Schrecken
In die Reih'n der Unsern fahren — so — hab' Dank,
Leb' wohl!
(Stirbt.)

Rolph.

O Tag! Fängst so du an, wie wirst du enden!

Siebente Scene.

Herwig und Hartmuth (kämpfend):

Herwig.

Mit wildem Haß im Herzen sucht' ich Dich,
Doch füllt Bewunderung vor Deinem Heldenmuth
Mir nun die Brust, dreimal schon traf ich Dich,
Doch keinen Zoll breit rückt' ich je Dir näher.
D'rum laß uns Freunde sein, Du bist es werth,

Zum Zeichen, daß wir Frieden und nicht Fehde suchen,
Laß uns vertauschen unser gutes Schwert.

Hartmuth.

Nach Deinem Blute lechzt mein gutes Schwert.

Herwig.

Schon' Deiner Jugend —

Hartmuth.

     Bin ich Dir ein Knabe?
Bist Du die Amme mein, daß Du mit weinerlicher Stimme
Und zimperlichem Herzen mich zu mahnen kommst?
Bei Gott! Ich bin ein Mann und will den Hohn
Nicht dulden, ich hasse Dich mit meiner ganzen Seele,
D'rum stell' Dich mir, soll ich Dich nicht verachten.

Herwig.

Ich warnte Dich, Du willst es denn — Wohlan!
    (Sie kämpfen.)
(Erwin und Rolph stürmen kämpfend heran und trennen die Beiden.)

Achte Scene.

Kapelle in der Burg.

(Gudrun liegt im Gebet versunken auf den Knieen. Durch eine verkleidete Tapetenthüre tritt Hartmuth herein, blaß und ernst, die Brust vom Harnisch entblößt, das Haupt ohne Helm, seine Haare fallen in Locken auf die Schultern herab, nach Art der fränkischen Könige. In der Hand trägt er ein blankes Schwert.)

Hartmuth.
An dieser Stelle dacht' ich sie zu finden.
So knieen Engel hin vor Gottes Thron.
(Er kniet neben ihr nieder.)
Bet' auch für mich, Du Heil'ge, Süße, Reine!

Gudrun.
Wie? Hartmuth Du?

Hartmuth.
Ja — ich.

Gudrun.
Was willst Du hier?

Hartmuth.
Dich sehen, eh' ich sterbe.

Gudrun.
Du darfst nicht sterben — retten will ich Dich.

Hartmuth.

Antworte mir — sahst Herwig Du?

Gudrun.

Ich sah ihn. — Ja. —

Hartmuth.

War's Gudrun, die zurück mich rief?

Gudrun.

Nein. —

Hartmuth.

Bist Herwig Du vermählt?

Gudrun.

Bald hoff' ich es zu sein. —

Hartmuth (sich abwendend).

So lebe wohl! —

Gudrun.

Bleib, Hartmuth, bleib! Dein Leben ist mir werth.

Hartmuth.

Es wär's nicht mehr, zög' ich die Schmach der Ehre vor.

Gudrun.

Herwig ist hochgesinnt, reich' ihm die Bruderhand.

Hartmuth.

Er ist Dein Gatte — sprich nicht mehr davon!

(Er wendet sich ab, kehrt dann wieder um, dicht an sie heran).

Noch einmal, Augen, schließet ein das holde Bild,
Das lieblichste, das mir die Erde trägt,
Und dann — erblindet!
     Leb' wohl! Leb' wohl!

Gudrun.

Hartmuth! Gedenke Ortrun's, Deiner süßen Schwester!

Hartmuth.

Hohl klingt mir Alles, was nicht Gudrun heißt!

Gudrun.

Unglücklicher! Du eilst in Dein Verderben!

Hartmuth.

Kannst Du nicht Leben geben — gönne mir zu sterben.
    (ab.)

Neunte Scene.

(Vor der Burg. Ein Haufe Hegelinge zieht über die Bühne.
Hartmuth stürzt mitten unter sie mit entblößtem Schwerte, Haupt
und Brust wie vorher unbedeckt.)

Volph.

Halt, Memmen! Einen Unbewehrten fallt Ihr an?
Ihr Feigen, All' auf Einen, wie Hunde auf den Edelhirsch?

Ein Hegelinge.

Der Eine just ist's, den wir suchen, Mann!

Volph.

Ei Teufel! Haltet! Schaut —
(Er entblößt seine Brust).
Die hier ist seine werth!
S'ist Futter für so schlechte Klingen! D'rauf! —
(Einer der Krieger hat Hartmuth in die Brust getroffen.
Hartmuth fällt.)

Volph.

Weh uns! Der Helden Blüthe ist dahin!
Verhaßter Tag! Reißt mir den Apfel aus der Augenhöhle,
Daß ich nicht sehe, was mich flennen macht,
Als wie ein Kind in Windeln —
(Er fährt wüthend unter die Hegelinge, erliegt schließlich der Uebermacht, sie entwaffnen ihn und führen ihn als Gefangenen fort.)

Mach!'s kurz!
Führt mich hinweg, daß nicht mein wilder Schmerz
Dem Sterbenden die letzte Ruhe raube!
(ab.)

Zehnte Scene.

Hartmuth.

Mein Braut-Bett ist mit Blut geröthet,
Mit rothem Herzblut deines Liebsten, Lieb!
Ist's Purpur nicht, zum Königsmantel dir erwählt,
Wie ihn nicht reicher Indiens Fürstin trägt?
Ein lust'ger Hochzeitsmorgen sei es nicht
Meinst du? dich fröstelt? O wie ich mich sehne,
Nach dieser langen, langen, letzten Ruh'
An deiner Seite, heißgeliebtes Weib!
Komm' schmieg dich an mich, dicht, recht dicht
An's Herz hinan, das an der Liebe Wunden
Sich verblutet! Schau' auf die Blumen hier
In deinem Kranze! Wie sind sie bleich und still,
Als hätten sie geweint die lange bange Nacht
Im Mondesglanze — kalt, Liebchen ist dein Kuß,
Todt ist dein Bräutigam — schweigt Feierglocken —

S'ist ein Leichenzug — weh mir! — du bleiche Braut —
Es ist mein armes Herz, das sie begraben!
(Stirbt.)

Elfte Scene.

(Aus einer Fallthüre der Burgmauer tritt Königin Gerlint heraus,
in Trauergewande gehüllt, ihr schwarzes Haar hängt wild herab,
eine brennende Fackel trägt sie in der Hand.)

Gerlint.

Wild tobt der Kampf, — der König fiel,
Viel Tapf're sind mit ihm dahin; es wanken
Rings die Uns'ren schon und wenden sich zur Flucht.
Den Aschenhaufen ird'scher Größ' und Pracht
Könnt' ich verachten, stemmen an den Stolz
Zum Himmel aufwärts, mit gewalt'gem Trotz
Dem Schmerz entgegen, ein granit'ner Fels.
Hohnlachend stieß ich mit dem Fuße an die Trümmer,
Daß rascher sie zum Abgrund niederrollten,
Und off'nen Auges starrt' ich in das Nichts.
Ein einz'ger Hoffnungsstern winkt aus dem Dunkel,
Das mich umgibt; verhülle ihn die ew'ge Nacht,
Dann ist auch Gerlint's Tagewerk vollbracht,
Dann haben ihre alten Augen allzulang gewacht.

(Sie beleuchtet mit der Fackel die Antlitze der Todten.)

Mit Leichen ist die Erde satt gedüngt.
Noch such' ich meiner Augen Licht und Labe,
Den ich mit Schmerzen mir geboren habe,
Ihn, meiner Seele Lust, den süßen Knaben!
Ob sie ihn auch mir hingemordet haben?
(Plötzlich gewahrt sie Hartmuth's Leiche, abseits unter einem blatt=
losen Baume, und sinkt mit lautem Schmerzensschrei über ihn hin. —)
Ha! So hat der grimme Tod dich nicht verschont?
Nicht schonte er der holden Jugend Fülle,
Der Schönheit nicht, traf dich in's Herz hinein!
Noch quillt das rothe Blut aus frischer Wunde,
Noch hängt des Athem's Hauch an deinem Munde,
Kann sich nicht trennen zu so früher Stunde.
Weh mir! So sah ich unlängst dich im Traume!
So sog dein Blut ich auf mit meinen Lippen —
Nun mischen blut'ge Thränen sich darein.
O unerträglich schaudervolle Wirklichkeit,
Des Traumes Schrecken sind vor dir nur Schein!
Sohn! Sohn! Wie bist du kalt und todt,
Dir thut kein Balsam, kein Verband mehr Noth!
Die Hand im Krampfe hält des Schwertes Knauf,
Die Mutter schließt im Tode noch sie auf.
 (Sie nimmt das Schwert aus seiner Hand).
Du gutes, blutgeröthet Schwert! Des Sohnes Schwert!
Wohl wär'st du eines bessern Looses werth.
Noch einen Dienst sollst du mir thun,

Dann magst auch Du in Frieden ruh'n.
(Sie schleudert die brennende Fackel in den Thurm, der bald
darauf in Flammen aufgeht.)
Pechkränze legl' ich an den Thurm mit eig'ner Hand,
Kein Sieger rühme sich, so lang der Erdball kreist,
Daß lebend er die Kön'gin überwand.
(auf ihr Schwert deutend)
Ist dieses letzte, unheilvolle Werk vollbracht,
Dann fahr' dahin, du stolzes Reich in Nacht.
(ab).

Zwölfte Scene.

(Innerer Burghof. Gudrun, umgeben von ihren Frauen, Horant
und den wachthabenden Männern. Gerlint schleicht von Allen
unbemerkt herein, das blanke Schwert in der Hand).

Gerlint.
(im Hintergrunde für sich).

Noch will ich Rache üben an dem heuchlerischen Weib,
Den Raben weih' ich ihren buhlerischen Leib,
Die meines Lieblings junges Herze brach,
Mit gift'gen Liebespfeilen todt es stach.
(Sie ist bis in die Nähe Gudruns vorgedrungen und holt aus
zum Hiebe, als Horant, sie gewahrend, den Todesstreich auffängt
und sie verwundet. — Die Frauen fahren mit einem Schrei des
Entsetzens auseinander, Gerlint sinkt, eine der Frauen stützt sie.)

Gudrun.

Weh! Horant! Weh! Was thatest Du?

Horant.

Dem Morde wehrt' ich, wie es sich gebührt.

Gudrun.

O allzurasche That! Weh! Gerlint wankt!

Gerlint.

Was wimmerst Du? Dir galt es oder mir.
Das Schicksal spricht für Dich, — gib Dich zufrieden.
Ich bin zu Ende, laß mich ruhig sterben!

Gudrun.

Weh! Gerlint! Kann Dich Nichts mehr retten?

Gerlint.

Nichts — doch — wolltest Menschlichkeit Du üben,
Gewähre eine letzte Bitte mir.

Gudrun.

Sie ist gewährt, noch eh' sie ausgesprochen.

Gerlint.

Nimm' meines jüngsten Kind's Dich an,
Lammherzig ist sie und Dir zugethan.

Gudrun.

Sie sei mir Schwester!

Gerlint.

Wohl, Dein Wort ist gut —
Leb' wohl! Nicht komme über Dich mein Blut.
(zu den Frauen)
Auf! führt mich zu des Thurmes höchster Zinne,
Daß ich den Blick auf's Meer mir frei gewinne,
Denn mit der Flamme, die mein Reich vernichtet,
Ist Gerlint's Scheiterhaufen aufgerichtet. —
(Sie entfernt sich langsam dem brennenden Thurme zu.)

Dreizehnte Scene.

(Außerhalb der Burg. Ortrun geht mit einer Salbenbüchse in der Hand zwischen den Todten und Verwundeten einher, Liebeswerke spendend. Sie forscht unruhig in den Zügen der Sterbenden nach Hartmuth, dessen Leiche sie endlich unter einem Baume auffindet. Später Ortwin. —)

Ortrun.

O Bruder! Bruder! Muß ich so dich finden?
Hab' ich so festlich mich zu diesem Tag geschmückt,
Daß er so namenlosen Jammer mir soll künden?
(Sie legt ihren Arm liebkosend um sein Haupt.)
Ich kann's nicht glauben, Bruder, daß du todt,
Nicht wahr, du schläfst? Du ruhst ein wenig nur,
Um freundlich deiner Ortrun bald zu lächeln?

Stumm deine Lippen? — Und dein Auge starr?
So still dein Herz? — So kalt dein Kuß?
O schaudervoll entsetzensvoller Gruß!
Du Harter! Klag' ich doch mit Recht dich an,
Wie hast du, Trauter, mir so weh gethan!
Muß ich nun leben einsam und verwaist,
Nicht Vater, Mutter, Bruder — nennen mein,
Ein Fremdling schier, auf dieser Welt allein?
Rinnt Thränen denn, mit eu'rem salz'gen Naß
Erweckt das todte Herz, daß es auf's Neue schlage,
Und wie es liebend nahe sei, mir sage!
Hörst du mich nicht? O Hartmuth, höre mich!
Geliebter Bruder, höre meinen Schmerz!
Fleht ganz umsonst mein blutend Herz?
Verhallet lautlos der Verzweiflung Schrei?
Ihr ew'gen Mächte steht mir Armen bei!
O so verschließe Brust die herbe Klage,
Und was du tragen mußt — ertrage.

(Sie geht nun still und ernst an ihr Liebeswerk, wäscht dem Todten
die Wundenmale und salbt sein Haupt.)

So leist' ich weinend dir den letzten Liebesdienst,
Mit meinen Händen will ich fromm dich betten
In's kühle Grab, zur langen, letzten Ruh';
Nicht rühme sich der Feind der edlen Beute,
Die lieben Augen drück' ich selbst dir zu.

(Sie küßt die Augen.)

Leb' wohl, Geliebter, mir so nah und traut,
Daß nie mein Aug' auf Erden Gleiches schaut.
(Ortwin ist im Hintergrunde eingetreten, hat die liebliche Erscheinung
staunend betrachtet und nähert sich ihr nun.)

Ortwin.

Wer ist der Todte, den Du so beweinst?

Ortrun.

Wer ist der Lebende, der so mich fragt?

Ortwin.

Ein Bruder Dir, gleichviel wie er sich nennt.

Ortrun
(traurig verneinend den Kopf schüttelnd).

Der Bruder ist's, den mir das Schicksal schlug.

Ortwin.

Dem Todten Deine Thränen — dem Lebenden Dein Gruß.

Ortrun.

Sah ich Dich schon?

Ortwin.

Im Traum vielleicht!

Ortrun.

Im Ton der Stimme bist Du mir bekannt.

Ortwin.

Der todte Bruder sandte mich zu Dir.

Ortrun.

Bist Du ein Christ, so hilf mir diesen Todten zu bestatten.

Ortwin.

Gern biet' ich Beistand zu der frommen That.
(Er sieht sich um nach Werkzeug.)
Sieh' da ein Spaten, dem erschreckten Landmann
Entfallen, als des Kampfes blutig Handwerk
Ihn bei des Friedens frommer Arbeit überraschte.
Nun frisch an's Werk — (Er gräbt.)

Ortrun.

Es ist des Gärtners Wohnung,
Den Greis nur seh' ich nicht, der hülfreich sich bewährte.

Ortwin.

Gut, daß wir seiner nicht bedürfen.
(Er hat ein Grab gegraben und den Todten hineingelegt).

Ortrun
(kniet vor dem offenen Grabe nieder, nimmt ihren Schleier vom Haupt und umhüllt damit Hartmuth's Antlitz).

Ortwin
(bleibt in einiger Entfernung von ihr stehen).

O heil'ge Schmerzen, die ein Engel duldet!
O heil'ge Thränen, die die Unschuld weint!

Ortrun.

Dir folgen, Bruder, ach, als einziges Geleite,
Nur Ortrun's Thränen nach in's frühe Grab,

Denn sie, die kalte, winterlich beschneite
Erde, stiefmütterlich mir holdern Schmuck nicht gab.
Ach! Trauern wird der Lenz ob deinem Scheiden,
Die Blüthen weinend ihres Schmuck's entkleiden.
Doch sieh: Der Sonne goldig warmer Liebesstrahl
Aus Wolken bricht, und küßt zum letzten Mal
Des todten Liebling's hohe Heldenstirne,
Rein wie der Schnee der fernen Alpenfirne;
Und weißer Schnee, gefärbt im theuren Blut,
Umgibt des Grabes Ranft mit Rosen-Purpurgluth!
Laß meine Thränen sein wie Thau an ihren Kelchen!
Ruh' sanft! — Ruh' lind! — Sei dir die Erde leicht!
Schlaf' sanft! Schlaf' wohl! Bruder, du hast's erreicht!
Im Schooße Gottes schlumm're du,
Er gebe dir die ew'ge Ruh'!
(Sie besprengt das Grab mit Weihwasser, wendet sich dann weinend
ab und winkt Ortwin, ihr nicht zu folgen. Tumult von Waffen,
Fliehende stürmen über die Scene.)

Ortwin.

Halt, werda?
   (Er schlägt sie ab; zu Ortrun:)
  Dir droht Gefahr, nicht länger weile hier.
  (Er schaufelt mit dem Schwerte das Grab zu.)

Ortrun.

Ich fürchte nichts, die Todten schlafen fest.

Ortwin.

Dein junges Leben ist's, wofür ich bange.

Ortrun.

Ich gehe schon, — lieb' Bruder, gute Nacht!
(ab.)

Ortwin.

Gut Nacht! (ihr nachblickend) Du gehst, und wie ein Stern
Sich hinter Wolken birgt, läßt Dunkel Du zurück.
(Fliehende stürmen abermals vorüber. Ortwin wirft sich ihnen
entgegen und säubert die Bühne davon).

Vierzehnte Scene.

Gudrun
(kommt aus der Kapelle, wo sie Ortrun im Gebete zurückgelassen
hat. Hildburg und die Frauen. Horant und seine Mannen. Die
große Halle wie zu Anfangs des 3. Aktes.)

Gudrun
(in die Kapelle hineinredend).

So bleib', geliebtes Kind, bis ich Dich zu mir rufe,
Mit Deinem Schmerz und Deinem Gott allein.

(herausgetreten)

Zuviel beweinst du, arme Waise! Zuviel! Zuviel
Der Wunden schlug Dir dieser Tag! Vater, Mutter, —
Bruder. — Hartmuth lobt? Das war nicht brüderlich,
Nicht wie ein Freund gehandelt, Hartmuth, —
Als den Tod du suchtest, taub meinem Flehen
Dich zum Sterben wandtest — denn du wolltest sterben!
Wie Baldur sankst du hin im Blüthenschmuck der Jahre,
Nicht Thöd, das Riesenweib in ihrer finstern Höhle,
War härter wohl gesinnt dem hehren Götterliebling,
Als jene Norn', die deines Lebens gold'nen Faden
Mitleidslos und kalt durchschnitt! —

Horch! Horch!

(zu Hiltburg)

Vernahmst Du nichts? O dieses Zweifels Bangen,
Hält alle Kräfte wie mit glüh'nden Zangen
Am Marterpfahl der Sorge mir gefangen!

(Die Krieger außen schlagen an die Schilde).

Frauen.

Horch! Horch!

Andre.

Das ist der Unsern Siegeszeichen!

Einige.

Horch! Klaggesänge!

Andere.

Dumpfes Murmeln!

(Steigender Tumult. Sie schlagen dreimal an die Schilde. Ein
Krieger tritt zu Horant.)

Gudrun.

Was bringst Du? Leben oder Tod?

Krieger.

Ich bringe Leben, denn die Unsern siegen!

Gudrun

(sinkt auf die Knier, alle Frauen mit ihr).

Allewiger, hab' Dank! Laß jetzt mich nicht erliegen!

Horant.

Bereite Dich, Du seligste der Frauen,
Der Freiheit schönstes Morgenroth zu schauen!

Fünfzehnte Scene.

(Von Ferne ertönt ein Siegesmarsch. Die Thore im Hintergrunde der Burg öffnen sich, seinen Tapfern voraus zieht Wate, sie pflanzen ihre blutigen Trophäen mit kriegerischem Grufse vor der knieenden Gudrun auf. Im fernsten Hintergrunde gruppiren sich die Gefangenen und Besiegten, unter ihnen Rolph. Hergart ringt in stummem Jammer die Hände, als sie ihn erblickt, stürzt dann auf ihn zu und umschlingt seinen Hals.)

Hergart.

Du lebst! Du lebst! Ich hab' Dich wieder!

Rolph
(wendet sich ab).

Stoß mir den Dolch in's Herz!

Hergart (nimmt den Dolch).

Wenn's Zeit ist — ja!
(Verbirgt ihn.)

(Aus der mittlern Pforte tritt Herwig, gefolgt von Ortwin und den Edelsten.)

Herwig.

Wo ist sie? Wo? Wo ist mein süßes Weib?

(Er will auf Gudrun zueilen.)

Doch nein — nicht Blut beflecke ihren reinen Leib.

(Er nimmt Harnisch und Helm ab, seine Locken fallen lang herab.)

Gudrun.

Mein Held! mein Gatte! Herwig mein Gemahl!

Herwig
(hält die Geliebte lange regungslos in den Armen).

Du hast den Schmerz gleich wie ein Held getragen,
Und nun im Glücke faßt Dich solches Zagen?

Gudrun (kaum hörbar).

Nicht fühl' ich mehr des eig'nen Herzens Schlagen.

Herwig
(läßt sich nieder und zieht die Erschöpfte sanft zu sich heran,
leise flüsternd, wie weltvergessen).

Mich selber dünkt's ein überird'scher Traum!
Mein Busen hegt nicht eines Wunsches Raum,
Mein tiefstes Sehnen und mein kühnstes Hoffen,
Hat dieses Augenblickes Inhalt übertroffen.
Ich weiß, mein Schicksal ist in Dir erfüllt!
Kein schön'res Loos ward Sterblichen beschieden,
In Deiner Liebe winkt mir ew'ger Friede,
Und Götterwonne athme, Sel'ger ich, hienieden!

(Die Frauen nähern sich, und Pagen tragen auf Kissen die Bern=
steinkrone des Sevenlandes. Gudrun's Haupt lehnt fast bewußtlos
an Herwig's Brust.)

Die Frauen nahen, Königin, Dich zu schmücken.
O wüßten sie, wie Du weißt zu beglücken
In Deiner Anmuth reinem Spiegelbild,

Sie ließen Dich, Du Liebliche, gewähren,
Und wagten's nicht, die Ruhe Dir zu stören.

(*Gudrun erhebt sich. Hiltburg setzt ihr mit einem Kusse die Krone auf.*)

Hiltburg.

Die Thränen haben keine Macht mehr über Dich!

Gudrun.

O wollt' ich, Freundin, Deine Treu' Dir lohnen,
Nicht reichte hin die köstlichste der Kronen.
D'rum zieh' mit mir durch's Leben, Arm in Arm,
Da, Dir zu danken, Gudrun ist zu arm.

Hiltburg.

Willst Du den Deinigen mit vollen Händen,
Des Lebens vielbegehrte Güter spenden,
Mir laß den Platz an Deinem Herzen frei,
Daß er der Waise traute Zuflucht sei.

Gudrun.

Ließ ich Dich je, beschämt müßt' ich bekennen:
Mein besser Theil will sich vom Andern trennen.

(*Sie küßt Hiltburg, dann wendet sie sich mit geöffneten Armen zu Herwig.*)

Herwig.

Nun bist Du mein!

Gudrun.

Ganz Dein!
(stumme Umarmung.)

Hergart
(stürzt sich zu Gudrun's Füßen).

Auf Deines Glückes sonnigen Höh'n,
Mög' Dich erreichen der Verzweiflung Flehn'!

Gudrun.

Du rufst zum Leben mich zurück — zur Pflicht!
(Sie trennt sich von Herwig).
Sprich, Hergart, sprich, was ist gescheh'n?

Hergart.

Du bist so gut, so voll Verzeih'n,
Laß mich allein nicht elend sein!
Gib mir den Gatten frei —

Gudrun.

Du liebst ihn?

Hergart.

Wie mein Leben!

Gudrun.

Wohlan! Erhebe Dich! Es sei! —

Herwig
(gibt ein Zeichen, die Gefangenen zu befreien).

Gudrun.

Hart dünkt mich noch Dein Loos, in fremdem Land
Zu leben und zu sterben, fern dem Vaterland.

Hergart.

Wo Lieb' uns bindet, da ist's Vaterland!
(Sie eilt auf Rolph zu und giebt ihm den Dolch zurück.)

Herwig.

Ein tapf'rer Kempe, Hergart, ist Dein Mann,
D'rum bien' ihm treu; Dich Rolph, wünsch' ich fortan
Mir selbst in Treu und Liebe zu verbinden,
Und so auch Deines Hauses Glück zu gründen.
D'rum hab' ich Dich zu dieses Landes Lehnsmann,
Als meinen ersten Stellvertreter ausersehn.
Verwall' es wohl, es haftet mir für Dich —
Sie, die vor Gott und Welt Dir Angetraute,
Hergart, Dein junges Weib, mit ihrem Haupte.

Rolph (kniet).

Ich und mein Haus, wir sind Dir unterthan.

Herwig
(nimmt sein Schwert und schlägt ihn damit auf beide Schultern).

Steh' auf nun, Herzog Rolph — Rolph von der Normandie.
Laß in Erfüllung Deiner Pflicht, Dich lässig finden nie!
(Ortwin hat die ganze Zeit über zerstreut und unruhig abseits
gestanden.)

Gudrun.

In dieser Stunde, die mit Glück mich krönt,
Als hätte in die Sterne sie gegriffen
Und sie zum Kranze um die Schläfe mir geschlungen,
Weilt Ortwin meinem Herzen fern?

Ortwin.

Nein Schwester, wahrlich, tief rührt mich Dein Glück!

Gudrun.

Komm' an mein Herz! Du fehltest mir annoch,
Nun ziehen wir vereint!

Ortwin (verlegen).

Zieh' Du voraus!
Ich folge bald Dir nach!

Ortrun.

Du folgtest nach?
Du zögest nicht mit uns?

Ortwin (immer verlegener).

Ich fürcht' es, Schwester!

Gudrun.

Wie? Ist das Dein Ernst?

Ortwin.

Mein bitt'rer Ernst.

Gudrun.

Wie soll ich das versteh'n?

Ortwin (zögernd).

Hier gibt es Reiher,
Wildgänse, Auerhähne —

Gudrun.

Wie? Reiher? Auerhähne?

Ortwin.

Das Schnepfhuhn nicht zu nennen,
Unbändig freue ich mich auf die Schnepfenjagd!

Gudrun.

Du freu'st Dich auf die Schnepfenjagd?
Und hast dabei der alten Mutter Du gedacht?
Soll sie mit einem Auge weinen, wenn das and're lacht?

Ortwin.

O Schwester! Geh'! Du marterst mich!
(fast mit thränenerstickter Stimme)
Ich kann nicht anders,
Siehst Du — ich muß — ich muß ja bleiben!

Gudrun.

Bleiben mußt Du? Nun — wohlan, es sei!
Doch laß zuvor noch Eines mich erproben,

Befiehlſt Du dann darauf, ſteht Dir das Jagen frei,
Und den Entſchluß, ich will ihn ſelber loben.
(Sie geht zur Kapelle und führt die in Trauerſchleier gehüllte Ortrun
an der Hand heraus.)

Ortwin
(hat ſich unwillig abgewendet).

Wozu mir das?

Gudrun
(zieht Ortrun den Schleier herunter).

Ortrun
(erkennt Ortwin und ſtößt einen halb unterdrückten Schrei der
Freude aus).

Ortwin
(wendet ſich nach der Stimme um und ſpringt, Ortrun erblickend,
mit einem weiten Freudenſatze auf ſie zu).

Du biſt es?

Ortrun.

Du?

Ortwin.

Du, Ortrun?

Ortrun.

Ortwin, Du?

Ortwin.

Ja, Ortwin, der Dich liebt.
Fort, Reiher, nun, Wildgänſ' und Auerhühner!
Du biſt es! Dich nur ſucht' ich! Dich nur wollt' ich!
Sprich, folgſt Du mir?

Ortrun.

     Wohin es sei!
(Sie küssen sich.)

Ortwin.

Topp! Schwesterlein! Ich bin dabei!

Gudrun.

So hätten wir's errathen?
(schalkhaft)
     Doch, die Schnepfen?
Schon freut' ich mich im Stillen auf den Braten.

Ortwin.
(macht ein Zeichen in die Luft, daß sie fliegen sollen).

Auf und davon! — Den Jäger kümmert's nicht! —

Gudrun.

An Wildpret kämen diesmal wir zu kurz.
Doch nun gesteht, Ihr saht zum ersten Mal Euch nicht?
Welch' süß Geheimniß werd' ich hier vernehmen?

Ortwin.

Wir fanden uns, wie sich der Strahl zur Blume findet.
Davon ein andermal —

Gudrun.

     Genug — er hat gezündet.
Er kam vom Himmel, hütet seine Flamme!

Ortwin (zu Ortrun).

Dein Köpfchen blickt aus herbem Weh
Wie Märzglöcklein im Winterschnee,
Die Sonne scheint, es hebt sich hell,
Und trocknet seine Thränen schnell,
Und rings gewürzet ist die Luft
Mit Lenzeshauch und Blüthenduft.

(Küßt sie.)

Ortrun.

Du bist es, der aus Gramesgruft
Mein Herz zu Licht und Leben ruft,
Drum — was ein Blümchen spenden kann,
Sei Dein, Du herzgeliebter Mann,
Nimm hin sein Blüh'n und seinen Duft.

(Aus der Ferne ertönt Wate's Horn.)

Alle.

Das ist des alten Wate Ruf!

Herwig und Gudrun.

Auf! Zu den Schiffen!

Alle.

Auf! Zu den Schiffen! Zu den Schiffen! Auf!

Herwig (zu Horant).

Noch einmal führe uns, Du greiser Held und Sänger,
Die wegelose Fahrt hin durch die blaue Fluth,

Bis zu der Heimath heißgeliebtem Strand,
Den manches Mal zuvor Dein Steuer sicher fand.
Wohl führtest Du auf fernen Siegeszügen
Schon reich're Fracht mit Dir — doch nie wie heute, —
Beglückter Herzen Schlag ward Deine Beute.

Horant.

Wohlan! Zum letzten Mal ergreift des Sänger's Hand
Das Steuer nun und lenkt's zum Heimathsstrand!
Die Jugend führt er hin mit ihren sel'gen Träumen,
Die ahnungsvoll im frohen Busen keimen,
Bis knospend sie zur Blume sich entsäumen.
Mit stolz'rer Ladung war kein Kiel befrachtet.
Schaum im Gebisse bäumt das Meer sich schon,
Gleich wie ein Roß den stolzen Nacken beugend,
Als wiss' es, daß der Reiter seiner werth. —
Des Greises Hoffen neiget sich zum Abend,
Leicht ist die Fracht, nur eines Grabes Breite
Und Tief' umspannt sein Sehnen in die Weite,
Drum mag am Steuer unentwegt er steh'n,
Und Jüngern geben schützendes Geleite.
Doch ihm zur Seite, seinen Geist erlabend,
Die Harfe blinkt, ein Hauch die Saiten streift,
Sie flüstern leis wie Geistermund, still horcht der Greis.
Wohl ist bekannt ihm, Traute, dein Geflüster,
Wir waren uns im Leben ja Geschwister!

Du mahnst mich recht — des Tages Sonne sinkt,
Die Schattenwelt mit bleichem Finger winkt.
Sei still, du hängst — des Sängers hehrste Habe, —
Am Weidenbaum, der grünt auf seinem Grabe.
Nur einmal noch leis' deinen reichsten Klang,
Es ist des alten Horant's Schwanengesang!
Noch einmal gilt's, wie in vergang'nen Tagen,
Ein Lied von Minn' und Treu zu singen und zu sagen.
Bevor sie betten ihn — auf immer auszuruh'n:
Singt er das Lied von Herwig und Gudrun. —

Der Vorhang fällt.

Ende des fünften Aktes.

www.ingramcontent.com/pod-product-compliance
Lightning Source LLC
Chambersburg PA
CBHW020830230426
43666CB00007B/1169